GROWING UP WISE

Questions & Answers

George Ghanotakis

与马修·李普曼的对话

——论儿童哲学与智慧教育

［加拿大］乔治·贾诺塔基斯 著

高振宇 译

广西师范大学出版社
·桂林·

Growing Up Wise: Questions & Answers

Copyright © George Ghanotakis,Ph. D. (2021)

著作权合同登记号桂图登字:20 - 2022 - 231 号

图书在版编目(CIP)数据

与马修·李普曼的对话:论儿童哲学与智慧教育／(加)乔治·贾
诺塔基斯著;高振宇译. —桂林:广西师范大学出版社, 2023.1
(儿童哲学经典译丛)
ISBN 978 - 7 - 5598 - 5508 - 4

Ⅰ. ①与⋯　Ⅱ. ①乔⋯ ②高⋯　Ⅲ. ①儿童教育－教育哲学
Ⅳ. ①G61 - 02

中国版本图书馆 CIP 数据核字(2022)第 192332 号

与马修·李普曼的对话:论儿童哲学与智慧教育
YU MA XIU · LI PU MAN DE DUIHUA: LUN ERTONG ZHEXUE YU ZHIHUI JIAOYU

出 品 人:刘广汉
策划编辑:刘美文
责任编辑:王　璇
内文插画:AK
装帧设计:弓天娇　李婷婷
广西师范大学出版社出版发行

(广西桂林市五里店路9号　　　邮政编码:541004)
(网址:http://www.bbtpress.com)
出版人:黄轩庄
全国新华书店经销
销售热线: 021 - 65200318　021 - 31260822 - 898
山东临沂新华印刷物流集团有限责任公司印刷
(临沂高新技术产业开发区新华路1号　邮政编码:276017)
开本: 720 mm×1 000 mm　1/16
印张: 10.25　　　　　　字数: 110 千字
2023 年 1 月第 1 版　　2023 年 1 月第 1 次印刷
定价: 40.00 元

如发现印装质量问题,影响阅读,请与出版社发行部门联系调换。

译丛总序

东西方对话视野下的儿童哲学

儿童哲学诞生于 20 世纪 60 年代末的美国，这种诞生从表面上看是马修·李普曼（Matthew Lipman）、安·夏普（Ann M. Sharp）等人对当时学校教育体制进行自觉反思的结果，但从更深层次的角度来说，它是儿童学（Paedology 或 Child Studies）作为一个综合性的研究领域进入发展新纪元的必然趋势。从 19 世纪末到 20 世纪上半叶，儿童学已经在欧、美、亚等地区经历了初步发展，在推动当时各国的新教育改革及改善整个社会的儿童处境方面，发挥了至关重要的作用。动荡的世界局势（如两次世界大战阻断了儿童学研究成果在各国之间的交流与反思）及儿童学内部的困境（如"科学主义崇拜"、学科壁垒森严和在实践领域的不适当应用等），导致儿童学本身在多数国家陷入销声匿迹（甚至被全面禁止）的境地。然而到了战后的五六十年代，世界形势已渐趋稳定，各国学术交流得以恢复，全社会对儿童的意识和关注不断增强，在此背景下，儿童学再次进入学术圈的历史舞台，并开始向"社会·文化"的研究范式转型，从而发展出新童年社会学、儿童史学、儿童经济学等一系列新兴的学术研究方向。因此，儿童哲学不仅是一门应用于幼儿园及中小学课堂的哲学课程，更是从哲学的角度对儿童、童年及相关问题所进行的深入研究；不仅是哲学学科门类中与科学哲学、生态哲学、女性主义哲学等并列的分支领域（2018年的世界哲学大会再度确认了儿童哲学作为一个分支领域的地位），也是儿童学学科体系中不可缺少及意义重大的分支领域（哲学分析具有历史学分析、社会学分析等不具备的独特优势）。

从 20 世纪七八十年代开始，儿童哲学不仅在美国本土扎下脚根，而且也开始影响美洲其他国家甚至欧洲、亚洲、大洋洲和非洲等地区，这与李普曼等人在蒙特克莱尔州立大学（Montclair State University）建立的"儿童哲学促进协会"（即 IAPC）有密切关系，后者一直致力于推动儿童哲学的国际化。现如今，儿童哲学在全球多数国家和地区都已建立了不同层级的学术组织或实践共同体，如国际儿童哲学委员会（ICPIC）、澳大利亚学校哲学协会联盟（FAPSA）、韩国儿童哲学教学研究所（KITPFC）、拉丁美洲儿童哲学中心（CELAFIN）、亚太儿童与青少年哲学协会（PCYNAP）、英国教育哲学探究和反思促进协会（SAPERE）等。儿童哲学研究者与实践者（我们可统称其为"儿童哲学人"）之间的交流活动也日趋频繁并常态化，如 ICPIC 每两年举办一次会议，是全球最大规模的儿童哲学会议，目前即将举行第 20 届会议；FAPSA 经常举办两类双年会会议，一类是澳大利亚学校哲学双年会，另一类是战略规划与发展会议；IAPC 的暑期研讨班仍在持续进行，每年都会有来自全球各地的学者聚在一起讨论和实践儿童哲学的教学法等。"儿童哲学人"还会在关于教育研究、哲学研究、儿童学研究和一些实践工作的会议上开展对话，如在 2018 年举行的世界哲学大会上，来自世界不同国家和地区的儿童哲学人便开展了十余场专题报告和圆桌论坛。

儿童哲学在中国也已走过了二十多年的历程，且从最早期开始，中国的儿童哲学便具有鲜明的国际化风格。如在 1989 年时就有关于李普曼的文章（即《儿童哲学与批判性思维》）刊登在中国本土的期刊上，1992 年加雷斯·马修斯（Gareth B. Matthews）的《哲学与幼童》（陈国容翻译）率先由生活·读书·新知三联书店出版，1993 年海波特大学的邓鹏博士以《儿童哲学来中国了》为题在 IAPC 的官方期刊 *Thinking* 上发表了第一篇介绍中国儿童哲学的论文。至 1997 年，IAPC 的全套教材（包括学生用书、教师手册以及《教室里的哲学》这本理论用书）共 13 本均由山西教育出版社翻译并出版，从而为儿童哲学的本土化研究与实践做好了充分准备。就实践交流而言，20 世纪 90 年代中期，在中国宋庆龄基金会的支持和美国克瑞顿大学哲学教授袁劲梅博士的协调下，美国夏威夷大学的汤姆斯·杰克逊教授（Thomas Jackson）及其同事来到中国北京、焦作、广州、南京、上海、武汉、淄博等地开设数场实践工作坊。当时焦作市的教师还亲往夏威夷大学进行了为期一周的浸润式培训，回国后在本地区开展了大量实践，从而使焦作市成为最早开始儿童哲学本土化探索的区域，后来在儿童哲学教学法的启示下构建了自己的实践模式。2019 年我们组织园长、校长赴夏威夷大学研修时，杰克逊教授亲自播放了那段保存完好的历史录像，展现了当时交流活动的现场。此后在 1999—2000 年的上海和昆明，又有一批儿童哲学的国际专家［如劳伦斯·斯宾列特（Laurance J.Splitter）、沃特·科恩（Walter Omar Kohan）、大卫·肯尼迪（David Kennedy）等］前来交流，通过国际会议、教学示范与指导、现场讨论等方式，直接推动了云南南站小学和上海六一小学的校本化实践。

　　不过比较遗憾的是，自儿童哲学的本土化进程（即从 2002 年到 2016 年这段时期）开始启动的十多年时间里，中国的儿童哲学并没有保持早期活跃的国际化风格，而是进入一段相对沉寂、各自独立摸索的状态，因此这段时期虽然整体学术产量仍在缓慢增长之中，但是理论与实践的深度明显不足（多数文章仍只是停留在介绍李普曼和马修斯的儿童哲学模式、强化儿童哲学的意义与价值等层面上），这很大程度是由于缺少对国际同行及前沿的深入了解所致。及至最近几年，伴随中国本土儿童哲学研究机构的建立及有关高校（如东北师范大学、杭州师范大学、浙江大学、厦门大学等）、其他机构（如 21 世纪教育研究院、心阳教育集团等）的联合推动，儿童哲学的国际化交流才逐渐回归到 20 世纪末的热度，不仅主动邀请来自更多国家和地区的儿童哲学专家至中国分享研究经验和展示教学实践（以举办国际会议、国际工作坊，出版国际儿童哲学作品等方式），且重新走出国门参与国际对话之中（如参与 ICPIC 双年会及其他学术会议、组织教师开展海外研修活动等）。从此，中国的儿童哲学开始更全面地融入世界儿童哲学版图之中，跨文化、跨国界的交流逐渐成为国内学人开展儿童哲学研究的重要方式。

伴随这股国际化的风潮，引入更多国际学者与实践者的儿童哲学作品成为当务之急。在已有的儿童哲学研究领域中，最为常见的便是李普曼等人早期被译介的作品（但已经比较陈旧且从未在国内再版过）以及马修斯的"儿童哲学三部曲"，此外还有少量来自英国儿童哲学学者费舍尔（Robert Fisher）和沃利（Peter Worley）等人的作品，真正能够为中国本土儿童哲学理论研究与教学实践做出贡献的作品仍然非常缺乏。反观美国、澳大利亚、韩国、欧洲国家的儿童哲学研究历程，我们发现他们不仅大量引进其他国家的儿童哲学研究作品（可以查阅金海英博士的文章《韩国：儿童哲学促进"儿童的再发现"》等），而且本土化的儿童哲学研究成果也极为丰富，这就为我们中国儿童哲学的发展树立了榜样并指明了可能的方向。因此从 2017 年开始，儿童哲学研究中心的重点任务之一，便是主动联系各国有代表性的儿童哲学学者及机构，引进并出版其最前沿的学术作品，从而为中国本土的儿童哲学研究奠定深厚的基础。同时，我们也兼顾那些来自实践领域，具有较强的可操作性又有一定理论基础的作品，以便为中国儿童哲学实践工作者提供方法论上的点拨与启示。只有这两者结合起来，才能有助于中国儿童哲学特色模式的形成与发展，也才能与国际同行进行真正平等的、建设性的对话与交流。

那么，在东西方对话的视野下，未来中国儿童哲学的研究任务及发展方向到底是什么呢？我们应将儿童哲学视为一个在"儿童学"大框架下的、相对独立的研究领域，既充分发挥哲学自身的优势，也积极汲取教育学、文学、社会学等其他儿童学研究领域的理论与方法，对儿童的哲学提问、哲学思考、哲学思想及其发展进行广泛探索，以此获得深刻理解，对各类儿童与童年的议题进行哲学化分析，最终为建立更加系统全面的儿童学理论体系及为促进儿童整体福利的发展贡献一份独特的力量。因此，在借鉴国际儿童哲学理论与实践经验的基础上，中国儿童哲学未来发展应聚焦在以下三大方面。

第一，理解儿童的哲学观念。既然儿童是天生的哲学家，那么他们到底在生活与学习的哪些方面体现出了哲学家的风范呢？作为哲学家的儿童与作为哲学家的成人有何相似与不同？不同年龄阶段儿童在提出哲学问题、展现哲学思维、发展哲学观念方面到底具有怎样的差异性特点？有没有可能总结出某种发展阶段论？不同历史时期、不同地域、不同民族及文化的儿童是否在哲学上有相似或差异化的表现？对这些议题的研究是进一步确立儿童哲学理论与实践体系（无论是中国还是世界）的基础，且不能仅仅依靠于经验式的案例积累，而要在吸收认知神经科学、儿童心理学等最新研究成果的基础上开展更多实证性的研究。

第二，挖掘本土的哲学智慧。儿童哲学虽由美国引进，但本土化的探索一直是中国儿童哲学发展的主旋律。然而这种本土化的探索不能只是在方法论上的散点式创新，若要真正形成中国特色的模式及对世界儿童哲学的发展做出实质性的贡献，完全有必要积极吸收中国哲学的智慧传统（尤其是儒家和道家的传统），挖掘这种传统中的相关理论精华，才能构建出具有中国风格的儿童哲学理论流派。东西方之间的对话，不仅需要我们持续学习西方的理论视角及经验来打开思路，也需要向国外同仁输出我们自己的理解与经验去做出贡献，和他们一道建立和发展儿童哲学的话语体系。

第三，探究应用的实践策略。经过半个世纪的发展，儿童哲学在国际范围内已发展出多样化的实践模式与应用技巧，不仅适用于学校和幼儿园环境中的独立哲学课程及学科融合课程，且适用于其他教育情境下（如家庭、社区、博物馆、美术馆、夏令营等）的哲学活动。目前国内的儿童哲学研究也在逐渐走向学科融合或领域融合，并从学校和幼儿园逐渐走向其他公共教育空间。本译丛的出版，借鉴了国际同行总结出来的重要经验，有助于推动儿童哲学在中国整个社会的普及，从而真正实现从"哲学即课程"到"哲学即文化"的转变。

总之，只有全中国的教育者和全世界的教育者联合起来，共同捍卫儿童哲学探究的权利，理解儿童精彩的哲学观念，探究实践应用的具体策略，才能真正守护好儿童的精神家园，整个社会才会更有希望。

高振宇（《儿童哲学经典译丛》主编）

2020 年 7 月 18 日写于杭州思乐斋

目 录

序 言

智慧教育的紧迫性

为了将科学文明打造为好的文明，必须在增加知识的同时，增加智慧的存量。

——柏兰特·罗素（Bertrand Russel）

古代文明高度重视理性智力和实践智慧，即通过有道德的行为来成就美好生活①，因为"人不可能在自身不善的情况下成为实践上的智者"②。孔子在教学上也奉守此理，认为教育的目的是养成个体的美德以完善自我和他人，从而实现社会的安康与和谐。"一个受教育的人就是有智慧的人。"③

在这个智慧教育的时代，我们有否忘记去探索更好生活的方法？在自以为正确的科学知识之外，我们有否忘记重新为智慧思考的能力

① 亚里士多德（Aristotle）对两种智慧进行了区分：Sophia（一种广博性知识理论或深度理解）和 Phronesis（实践智慧，罗马人翻译其为 Prudentia，即谨慎、精明，是四大基本品德之一，还包括勇气、节制和正义）。Phronesis 是一种必要的伦理和政治品德，有利于个体更好地思考什么是好的，以及哪些事物能导向美好生活。两种智慧之间的关系是这样的：Phronesis 促进 Sophia 的形成，Sophia 是对智慧的最高追求，由 Nous（直觉或心灵之眼）以及 Episteme（科学知识）所构成，旨在掌握实在的终极本质，并思考宇宙真理。Aristotle，*Nichomechean Ethics*），VI 1140—1140b.

② Aristotle（*Nichomachean Ethics*）1144e 36—37; 参见 I. De Puig（1994），Beyond Knowledge，Wisdom: A Revindication of the Practical Character of Philosophy，*Thinking*，11.2，pp. 22—24。

③ Helena，Wan（1980），*The Educational Thought of Confucius*.Doctoral Dissertation，Loyola University of Chicago，p. 279.

进行辩护，为谋大众的福利而做出更合理的伦理决策？

早在 20 世纪 90 年代，克伯屈（W. Kilpatrick）即通过出版《为什么约翰尼不能判断正误》①一书而敲响了警钟，他直截了当地谴责美国社会基本价值观的严重丧失，并造就了大批"功能性文盲"②。克伯屈指出暴力、早孕、自杀和其他社会问题在青少年群体中正以史无前例的速度增长。③ 而学校内外的情况相差无几。④ 米歇尔·博尔达（Michele Borda）教授曾在千禧年之际描述了如下情形：网络中充斥着大量令人震惊的糟粕，如色情追踪、网络游戏里的暴力满足、恶魔崇拜、恋童癖，以及连最好的过滤平台都无法完全筛选出来的仇恨网站等。⑤ 美国政府于 2013 年出版了《美国的儿童：健康的关键指标》一书，指出在 2010 年，超过 60% 的青少年伤害性死亡以及 40% 的自杀都与枪械有关。⑥ 如今，《美国儿童现状 2021》的报告则进一步指出，2017 年儿童与青少年因枪械死亡的人数达到十九年以来的最高峰，随后几年一直保持高位，枪支暴力已经成为儿童与青少年死亡的

---

① William Kilpatrick（1993），*Why Johnny Can't Tell Right from Wrong? And What Can We Do About It*，NY，Simon & Shuster.

② 关于功能性文盲的定义有很多，在儿童哲学的语境下，它可以指个体虽然具备阅读、书写或计算等基本知识与能力，却不善于利用知识来处理复杂的生活事务，以及基于生活经验来延展或创造知识的能力，特别是缺乏必要的高阶思维能力或元认知能力。——译者注

③ 同注①。以下是他所指出的其中一些令人震惊的事实：美国公立学校中每月会发生大约525 000 起攻击、打架和抢劫事件；每年有近 300 万起犯罪事件与学校财物有关，差不多每天16 000 起；大约 135 000 名学生每天会带枪到学校；大约 1/5 的学生会报告携带某种类型的武器；有 21% 的中学生因害怕受到伤害或恐吓而不敢上厕所。

④ 同注①。克伯屈继续指出如下问题：在过去 30 年的时间里，年轻人自杀率增长了 300%，1/7的青少年尝试过自杀……尽管群体数字相对较少，同时也有更多避孕药的使用，但 1991 年仍有 110 万少女怀孕。如今 14 岁少女群体中有 40% 在 19 岁时就怀孕了。

⑤ Michele Borda（2002），*Building Moral Intelligence*：*The Seven Essential Virtues to Teach Kids*，San Francisco Jossey-Bass，p.3.

⑥ U.S. Government（2013），*America's Children*：*Key National Indicators of Well-Being*，Washington，DC：Printing Office，p.35.

主要原因，平均每 59 秒就有一名儿童或青少年因此被逮捕，每两个小时就有一名儿童或青少年被枪杀。[①]

尽管教育应当在儿童的教导与社会化方面发挥关键性作用，但其对社会经济发展所起的作用可能更为重要。教育不在于它能在多大程度上助益改良社会，更多的则在于作为个人的一种手段"推动社会自身在经济与文化等意义上达到最理想的状态"[②]。斯滕伯格（Robert Sternberg，2019）对从 20 世纪初到 21 世纪初的小学教师读者群进行了分析，他发现在使用智慧主题的故事方面呈现不断下降的趋势，从而导致教儿童智慧思考的学校责任被取消了。[③]

那么，解决之道是什么呢？

训练儿童掌握正念的技巧有显而易见的益处。这类训练项目的目标是帮助儿童减轻压力，有助于提升儿童的自我意识和情商，促进他们的心理健康，使儿童变得更加慷慨大方，产生更多亲社会的行为。这些训练项目正变得越来越流行，成为解决校园欺凌问题及培养和善行为的良方。[④]

---

① 基于 2019—2020 年数据的总报告指出，在美国每年有 530 581 名儿童被捕，每 59 秒就有一名儿童或青少年被捕，每天有 8 名儿童或青少年死于自杀，9 名儿童或青少年被枪杀，121 名儿童因暴力犯罪而被逮捕，2 906 名中学生辍学，14 206 名公立学校学生休学，按一年 180 个学校学习日来计算。（见第 7—8 页）

② Sternberg（1999），"Schools Should Nurture Wisdom", in B. Z. Presseisen（ed.），*Teaching for Intelligence*. Arlington Heights: Skylight Training and Publishing，p. 62.

③ Robert Sternberg（2019），Where Have All the Flowers of Wisdom Gone? An Analysis of Teaching for Wisdom Over the Years. In Robert J. Sternberg，Howard C. Nussbaum，Judith Glück（2019），*Applying Wisdom to Contemporary World Problems*，pp 1—19，First Online: 03 July 2019.

④ 在英国有一个类似的 SEL 项目叫"学习的社会与情感维度"（SEAL），旨在发展学生的社会、情感和行为能力。参见 Department of Education and Skills（DfES）（2005），*Excellence and Enjoyment: Social and Emotional Aspects of Learning*（SEAL，Nottingham: DfES）。

社会与情感学习（SEL）与智慧的转向

美国已引入一条关于正念与同情教育的新法案，即《学术、社会与情感学习法案》，允许学校资助更多的"社会与情感学习"（SEL）项目。[①] 学术、社会与情感学习协作项目（CASEL）确立了五个彼此相连的认知、情感与行为技能，这些技能是教育改革所追求的最重要的技能，可以为儿童的学术成功及健康发展奠定坚实的基础。它们分别是：自我意识、自我管理、社会意识、关系技能、有责任的决策。[②]

尽管这些项目确实可以通过提升儿童的情感与反思性技能，来帮助儿童学会解决问题、自我控制与健康成长，但许多教育心理学家、哲学家和研究者都指出，它们并不能确保学生由此习得批判性思维、深度理解力及道德规范，来应对现代社会的复杂情形。[③] 我们必须教给学生那些被人遗忘已久的智慧。我们需要教孩子学会在更加安全的世界里，正确明智地应用知识与智力来获得幸福，并保障大众的利益。[④]

尽管认知与学术的技能是重要的，但缺乏基于智慧的能力来平衡

[①] 在英国有一个类似的 SEL 项目叫"学习的社会与情感维度"（SEAL），旨在发展学生的社会、情感和行为能力。参见 Department of Education and Skills（DfES）(2005), *Excellence and Enjoyment: Social and Emotional Aspects of Learning*（SEAL，Nottingham：DfES）。

[②] CASEL 于 1994 年在美国芝加哥成立，网址为 www.casel.org。（译者注：文中所记录的网址可能存在无法打开的情况，但在作者写完本书时，这些网站依然是可以访问的。）丹尼尔·戈尔曼（Daniel Goleman）(1995) 在其有影响力的著作《情感智力：为何比 IQ 更重要》(*Emotional Intelligence: Why It Matters More than IQ*, London: Bloomsbury) 中提出情商的教学模式，强调关于情感的自我意识与自我管理，建立感觉与思想、同理心之间的关系，并将自己的洞察力应用到关于性和毒品等话题的决策之中。

[③] 可参见如下这本论文集，它整合了迄今为止智慧教学领域内不同专家最前沿的文章。R. J. Sternberg and J. Gluck Judith（2019），*The Cambridge Handbook of Wisdom*，Cambridge: The Cambridge University Press.

[④] 可参见 R.J. Sternberg（2001），"Why Schools Should be Teaching Wisdom: The Balance Theory of Wisdom in Educational Settings"，*Educational Psychology*，36（4）227—245; R. Sternberg et al.（2003），*Wisdom, Intelligence and Creativity Synthesized*，New York，Cambridge University Press，preface.

个人内心中的、人与人之间的、个人以外的三者之间的短期与长期利益冲突 ①。社会将会犯下严重错误，即将下一代培养成为表面上聪明但实则对自己和他人皆有害的人 ②。聪明的人经常会利用自己的智力，在牺牲他人利益的情况下获取权力。

正如斯滕伯格所解释的："正是基于这个原因，此刻我才将注意力转向智慧……在我的平衡理论中，我将智慧视为缄默知识的价值应用，它不仅使个体自身获益（成功智力便是其典型案例），也能造福他人，从而保证公众的利益。" ③ 霍华德·加德纳（Howard Gardner，1999）④ 和尼古拉斯·麦克斯韦（Nicholas Maxwell，2007）⑤ 也表达了

---

① （Sternberg 2001）also Sternberg et al.（2004），*Teaching Students to Make Wise Judgements*（pp. 184—186）.

② Sternberg（2018），Wisdom，Foolishness，and Toxicity in Human Development，in *Research in Human Development*，Vol. 15，2018 Issues 3—4，pp.200—210.

③ 同上，序言。在智慧的平衡理论中，创造性和适应性智能是智慧的两大构成要素，都是亲社会、关心善的伦理品德。请注意，平衡这个概念是一个普世的、跨文化的价值。在西方哲学中，它是亚里士多德"黄金中庸"伦理学的核心，即介于两个极端的中间状态或适度（*metron*），构成决策时灵魂的最佳表现：在既定的环境中，在最正确的时间里，以最正确的方式，采取最正确的行动（*Nichomechean Ethics*［NE］II 1106 a 16—26），这是拥有实践智慧之人必然会做的（NE，1106 b 36—1107 a 2）。适度是古希腊文化的理想，体现在美和品德的各个方面（Plato，*Philebus*，64d—65a），以德尔菲格言为证"过犹不及"（*Meden Agon*）。在东方哲学中，佛祖释迦牟尼也以"八正道"来教"中道"，即正见、正思维、正语、正业、正命、正精进、正念、正定（*The Wheel of Dhamma in Motion*. Translated from Pail by T. Bhikkhu［1993］，*Setting in Motion the Wheel of Truth*，from www.accesstoinsight.org. Retrieved June 11，2021）。孔子也推崇"中"，强调过犹不及。中庸是最高的秩序但在民间很少见（*Analects*，Book VI verse 29）。伊斯兰哲学也视中道为最佳选择（*Quran*，the Surat *Al Baqarah*［The Cow］verse no.143）。此文献中的题目 *The Cow*（奶牛）特指摩西和以色列人围绕一头献祭的奶牛所展开的争论，以此来确认谁是杀人凶手。

④ Howard Gardner（1999），*Intelligence Reframed：Multiple Intelligences for the 21st Century*. New York：Basic Books. 除了基于生理条件的八个智能外，加德纳还增加了第九个智能，即存在智能。这是提出关于人类存在意义的问题并对此感到惊讶，即提出诸如"我们为什么会死""我们怎么会来到这个世界上""什么是美好生活"等之类问题的能力。

⑤ Nicholas Maxwell（2007），*From Knowledge to Wisdom*，London，Pintere Press，p.66. Also N. Maxwell（2014），*How Universities Can Help Create Wiser World*，London：Imprint Academy.

强烈的认同，将教育改革与智慧紧密联系起来并指向道德的目的。加德纳建议重构人类智能，而麦克斯韦则主张改革学科学习的目标与方法，强调其基本目标是提升儿童的智慧而非仅仅获取知识。[①] 麦克斯韦提出，为了解决人口增长、环境恶化、生物种类的大规模灭绝、致命的现代战争、污染与气候变化等重大问题，我们需要训练学生从事基于智慧的科学活动，使他们有能力觉察自己或他人的生命价值所在。[②]

与智慧相连的力量是一种思想与性格的美德，它包括创意、好奇、开放、好学、有能力以不同的方式审视世界并使其对自己和他人产生意义。[③] 莫妮卡（Monica Ardelt）博士在考察东西方传统的基础上，认为智慧是一种核心的美德，而不仅仅是一种性格特征。智慧包含三个维度：认知维度（知识与分析）、反思维度（采纳观点，提升自我意识）和情感维度。[④] 智慧是所有美德的核心，是我们茁壮成长所需要的。[⑤]

智慧是维系反思性教学的关键，其操作性定义涉及多个维度，包括：

- 提问的艺术；

- 整合个人的智力、反思与情感；

- 觉察个人的无知及反思的需要；

[①] Nicolas Maxwell（2007），*From Knowledge to Wisdom*，London，Pintere Press，p.66. Also N. Maxwell（2014），*How Universities Can Help Create Wiser World*，London：Imprint Academy.

[②] Nicholas Maxwell（2019），*The Urgent Need for Social Change In The Cambridge Book of Wisdom*，pp. 754—780.

[③] R. Siegel，《智慧作为超级美德的力量》，参见下列网址 http://www.sharecare.com/health/personality/what-strengths-wisdom-positive-psychology。

[④] Monica Ardelt（2003），Empirical Assessment of a Three Dimensions Wisdom Schema，*Research on Aging*，Vol.25，No.3，May 2003，275—324，p.238. 详见作者著作 *The Game of Wisdom*（1989）。

[⑤] 参见下列文献：Barry Schwartz and Kenneth Sharp（2011），*Practical Wisdom：The Right Way to Do the Right Thing*，NY，Riverhead Books. Larry Culliford（2021），Philosophy and Psychology Engaged：The Sincere，Practical，Timely and Felicitous Proposal of a Highly Suitable Marriage，*Philosophies* 2021，6（1），19；Culliford，L.（2017），*Seeking Wisdom：A Spiritual Manifesto*；University of Buckingham Press：Buckingham，UK. 2017。

- 有能力从不同的角度出发进行审视与理解；
- 有能力实现生活的意义。①

伯特·德瑞特（Bert De Reiter）发现智慧的通常定义是指个体有能力正确理解"处理生活问题时何者是有价值的，并基于这种知识而采取正确的行动"②。联合国的一个重要项目即强调儿童权利教育的重要性，以应对日益严重的欺凌与虐待儿童现象，其主要做法就是创建"权利尊重学校"（RRS），并通过运用"儿童权利教育工具箱"（The Child's Rights Education Toolkit），在这些学校中践行联合国儿童权利公约。③拉瑞·库利福特（Larry Culliford，2021）高度认同古典哲学家皮埃尔·哈多（Pierre Hadot，1995）④和心理学家马丁·塞利格曼（Martin Seligman，2011）⑤两位思想家的观点，倡导复兴作为生活方式的哲学传统，这种传统将哲学视为一系列精神实践，并以基于伦理行为的对话为主要形式，同时相信发展品格力量的重要性，认为由此才能使学生在学校和持续的日常生活中茁壮成长。

---

① Monica Ardelt（2003），pp.277—278. See also Vivian Clayton and James Birren（1980），"The Development of Wisdom across the Life-Span: A Re-examination of An Ancient Topic", in *Lifespan Development and Behaviour*，Vol. 3. Edited by Paul Baltes and O. Brian，NY，Academic Press，pp. 103—135.

② Retrieved September 15，2014. 这个关于智慧的定义，在笔者开发的儿童哲学"智慧游戏"（1987：Ottawa，The Canadian Institute of Philosophy for Children）中有所应用。此游戏目前已发布 25 周年的版本，加上了图片，从而成为"玩智"游戏。

③ *The Child's Rights Education Toolkit*: *Rooting Child Rights in Early Childhood Education*，*Primary and Secondary Schools*，（2014）Geneva，UNICEF Private Fundraising and Partnerships，p. 73.

④ P.Hadot，（1995），*Philosophy as a Way of Life*（PWL）；Davidson，A.，Ed.; Blackwell Publishing: Oxford，UK. 智慧可以在下列精神练习的每日实践中得到发展，包括专注（Prosoche）、冥想（Meletai）、节制（Enkrateia）、消除情感、漠视外利（如财产、金钱、名誉等），实现针对自我、他人和宇宙的责任，参与重大议题的辩证讨论之中。智慧是一个人可以参与的最高级别活动，它可实现灵魂的卓越、幸福与安宁。

⑤ M. Seligman，（2011），*Flourish*：*A New Understanding of Happiness and Well-Being—and How to Achieve Them*. London，UK.

英国的斯泰宁文法学校被视为模范典型，该校学生通过练习上述技能而获得健康成长所需的智慧。这所学校的教学聚焦于八类品格力量，帮助学生"逐渐过上幸福、投入、有意义及成功的生活"①。这些力量中为首的则是"成长型思维"，此外还包括理解他人、好奇、兴奋（热情）、感激、毅力（决心）、关于学习的自我控制、关于他人的自我控制等。学生投入"智慧实践"的常规活动之中，旨在通过多种智慧练习如沉思、冥想、洞察、共情和自我控制，来拓宽自身经验的视野。针对备受新冠肺炎疫情冲击的当代社会，库利福特（2021）指出若师生日常都能投入上述常规的精神练习活动之中，他们就能沿着"个性发展过程"、智慧与成熟的道路共同成长，且其积极影响将会随着时间不断累积，从而使"人类社会变成一个更加安全、幸福和健康的空间，足以让人类和谐生活、供养家庭并持续成长"。②

儿童哲学与智慧教学

哲学即爱智（philosophia），它起源于我们对经验世界中事物意义的惊讶（thaumazein）。③儿童天生就会对事物如何及为何呈现当前的状态充满惊讶、疑惑与好奇，并想要进行探究。这种困惑促使他们追求知识来避免无知。④霍华德·加德纳（1999）提道："在任何一个对

① Steyning Grammar School，UK. SGS. Available online：http://wwwsgs.uk.net/character-education/35212.html（accessed on 30 November 2020）.

② Larry Culliford（2021）https://www.mdpi.com/2409-9287/6/1/19/htm#B45-philosophies-06-00019. Culliford.

③ Plato，*Theatetus* 155 d. 亚里士多德在《形而上学》982b 中解释道："正是由于惊讶，人类才开始进行哲学思考。"

④ "惊讶"这个概念更多指向的是一种困惑，而非沟通问题的敬畏之心。针对宇宙的起源，莱布尼茨（1646—1716）提出了如下问题："为什么存在有而非无？"G.W. Leibnitz The Principles of Nature and Grace，based on Reason（1714）in R.S Woolhouse & R. Franks（Eds）（1998），*Philosophical Texts*，Oxford：Oxford University Press，pp.258—266.

提问宽容的社会里，儿童能在很早的时期就提出存在性的问题。"① 存在智能是广义哲学心智的重要组成部分，在儿童身上有鲜明体现。儿童与生俱来的感受力必须得到进一步发展，才能使儿童过上丰富且有意义的生活。② 即便是婴儿，最新的研究也显示出他们惊人的反事实思维能力，尤其是在他们进行游戏或假想的过程之中。③

学会惊讶是人类存在和成长的基础，而这意味着我们要锻炼自己的智能，并改善对世界的认知与行为方式。对意义的追求推动着我们出于本性地寻找人类经验里各类问题的答案。有谁不记得我们小的时候躺在地上遥望星空，对宇宙的无限感到惊讶呢？儿童是以这种方式与世界相遇的天才，也正是出于惊讶才诞生了智慧。④ 正如阿姆斯特朗（Armstrong，1998）所言，李普曼（1980）和马修斯（1980，1994）的研究都曾建议，"真正的智慧和哲学理解存在于儿童与青少年群体中，作为一项教育资源，它值得我们给予充分的重视"⑤。

20 世纪 70 年代美国蒙特克莱尔州立大学建立了儿童哲学促进协会（IAPC），并在半个世纪的时间里一直致力于向全球推广儿童哲学⑥，如今儿童哲学已经得到联合国教科文组织（UNESCO）的认可与支持，成为最有前瞻性的教育革新项目，其重心在发展经久耐用、综

① Howard Gardner（1999），*Intelligence Reframed*，Basic Books，New York，p.27. See also Gopnik，Alison（2009），*The Philosophical Baby*：*What Children's Minds Tell Us About Truth*，*Love and the Meaning of Life*. New York：Farrar Straus and Giroux.
② Jana Mohr Lone（2012），*The Philosophical Child*. Lanham：Rowman & Littlefield.
③ Alison Gopnic（2009），*The Philosophical Baby*：*What Children's minds Tell Us About Truth*，*Love and the Meaning of Life*，New York：Farrar Strauss and Giroux.
④ Thomas Armstrong（1998），*Awakening Genius in the Classroom*，Alexandria，Virginia：ASCD，p.8.
⑤ 同上，第 9 页。
⑥ 之前为 Montclair State College，如今更名为"蒙特克莱尔州立大学"（Montclair State University），参见 George Ghanotakis，"The Basics of Tomorrow-Philosophy for Children"（1984），in *International Ethics in Education*，Toronto，Ontario Institute for Studies in Education，p.10。

合性的高阶思维能力，从而为儿童校内外的学习奠基。① 作为全球运行时间最长的"大学前"哲学项目，儿童哲学如今已经在超过 64 个国家得到普遍应用。它的目标是发展儿童的 35 项批判思维和道德推理能力，以便做出理性的决定和在合作对话关怀的"探究共同体"环境下产生负责任的行为，这些能力对 21 世纪受教育的学习者进行自主但有智慧的思考至关重要。

"探究共同体"（COI）是一个关于批判性思维和智慧的教学法。李普曼将探究共同体描述为一个"平衡的协作方法"，它遵从了罗尔斯（J.Rawls）的"反思性平衡"与杜威（J. Dewey）的"实验主义"②。作为一个反思性的教学模式，"探究共同体"已经被视为在线学习的基本模式，包含认知、社会和教学三类"存在"③。在"探究共同体"中，儿童为共同利益而进行持续反思、对话和辩证思考，从而有利于智慧思考力的发展。④"探究共同体"的其中一个最有价值的特点是它鼓励成员相互质疑，为自己的信念提供理由，相互指出对方观点的可能后果等——从而创造了一个自我批判的团体，特别是在社会存在、认知存在和教学存在都达到显著水平的时候。⑤

---

① 参见附录"联合国教科文组织和新哲学智慧实践"中对儿童哲学的肯定以及由此创立了专门的儿童哲学教席。

② Saeed Naji（2003），An Interview with Matthew Lipman.https：//en.mehrnews.com/news/3578/.

③ 若要了解"探究共同体"在网络学习中的应用，可参见 R.D.Garrison（2011），*E-Learning in the 21st Century：A Framework for Research and Practice*，New York，Routledge.

④ 斯滕伯格的智慧平衡理论强调"为共同利益而思考"的目的，但本书作者的儿童智慧教育模式则不同，所强调的不仅仅是发展批判思考力，而且是要实现亲社会的道德民主目标和协助儿童成为有责任的未来公民。参见 Ghanotakis（2021），*Growing Up Wise II：A Practical Guide*.

⑤ See D. Randy Garrison，Terry Anderson，and Walter Archer（2001），Critical Thinking，Cognitive Presence，and Computer Conferencing，in *Distance Education*，p.6. http://cde.athabascau.ca/coi_site/documents/Garrison_Anderson_Archer_CogPres_Final.pdf. education. The Internet and Higher Education 2（2—3）：1—19.

　　米歇尔·托齐将"探究共同体"尤其是哲学探究共同体（CPI）改造为"哲学民主讨论会"（DVPD），并分配了总统、秘书、观察员和参与者四类角色，这个新模式在将儿童哲学应用于法国"新伦理和公民学"（EMC）学科的辩论部分中发挥了重要作用，也协助推动联合国教科文组织在巴黎建立了面向全球的青少年哲学教席。[①] 智慧教育的当代研究者注意到，尽管在最优秀的教师团体中也可以找到智慧教学的踪迹，但在北美的教室里，儿童哲学整合了与智慧和美好生活相关的某些最佳实践方式，并利用范例向儿童展示了相关概念是如何落实到行动之中的[②]。

　　除了被评为培养"可迁移与可持久技能"及对学业成就产生积极影响的最佳教育项目外[③]，儿童哲学还被评为智慧教学的最卓越项目[④]。儿童哲学的优势在于，邀请学生深度反思和思考相关内容，鼓励他们向他人表达自己对内容的想法，积极运用自己对内容的价值观与判断，并聚焦于"基于标准""自我纠正"以及"敏于情境"[⑤]的对话

① www.philotozzi.com. DVPD（Discussion à visée philosophique et démocratique）参见联合国教科文组织的教席网站，若要了解辩论即审议的不同形式，请参见 Elizabeth Bussioux，Michel Tozzi（2008），"Le débat scolaire: son sens et modalités"，*Dioitime* no.37，02，2008. DVPD 形式的哲学讨论聚焦于三个层级的问题：概念化、问题设置和论证。若要对 CPI 和 DVPD 背后的不同教学传统进行比较，可参见 Olivier Michaud（2017），"Les points communs entre les méthodes Lipman et Tozzi"，*Dioitime*，no.73，07，2017。

② M. Ferrari，K. Juensung（2019），Educating for Wisdom. In Robert Sternberg and Judith Gluck Ed.，*The Cambridge Handbook of Wisdom*，Cambridge：The Cambridge University Press，pp.341—371. 这些研究者确定了六套与实体、思维和感觉相关联的最佳实践方式，以便使儿童哲学能在适应相应水平的基础上进行灵活处理。

③ Robert Sternberg（1984），How Can We Teach Intelligence? In *Educational Leadership*，Sept Issue 1984，Alexandria：ASCD，pp. 38—48.

④ Robert Sternberg & Emily Hagen（2019），Teaching for Wisdom. In Sternberg，In Robert and Gluck Judith Ed.，*The Cambridge handbook of Wisdom*，Cambridge：The Cambridge University Press，pp.202—225. 除李普曼项目之外，研究者也评述了智慧教学项目和理查德·保罗的批判性思维模式，后者有助于发展学生的对话和辩证思维能力，且可使学生意识到好的标准会随时间而改变。

⑤ 这三点实际上是李普曼在界定何为批判性思维时所指出的三个要素。——译者注

与探究共同体。

　　本书的第一个版本包含了李普曼所提供的讲座与工作坊，由加拿大儿童哲学协会前主席编纂和注释，原题为《鼓励儿童学会思考：与马修·李普曼的对话》[①]。此书得到了李普曼教授的评阅与认可，并被当作档案存放在蒙特克莱尔州立大学儿童哲学促进协会（IAPC）的儿童哲学文献中心。它也曾被浓缩为一篇文章，后被收录在 Philpapers 数据库中，为许多研究者所引用。[②]

　　后来我将原书的题目《鼓励儿童学会思考：与马修·李普曼的对话》更新为《智慧成长：问与答》中文版，旨在将儿童哲学培养智慧技能的内容筛选出来，并增加一些关于整合智慧的教育及智慧取向教育的最新研究成果。[③] 我对原书的导论进行了完善与更新，试图解释李普曼工作坊中所讨论的主题，特别是 20 世纪 70 年代末期所出现的思维能力概念，这个概念显然是杜威反思性转向之后的儿童哲学新反思性范式的产物。我已经在注释中提到了 20 世纪许多教育哲学家、心理学家及推理能力开发者的思想，并将之与李普曼及其教学方法进行了比较。本书是对马修·李普曼（1923—2010.12.26）和他的首席助手安·玛格丽特·夏普（1942—2010.7.1）的致敬，他们在 2010 年的不幸离去，是儿童哲学的巨大损失。

---

① George Ghanotakis（1987），*Encouraging Children to be Thoughtful*：*A Dialogue with Matthew Lipman*，Canadian Institute of Philosophy for Children，Ottawa.

② 如果在网上快速搜索的话可以找到如下相关文章，Encouraging Children to Be Thoughtful Questions and Answers: A Dialogue with Dr. Matthew Lipman，Canadian Institute of Philosophy for Children（1987）https://philpapers.org/rec/GHAECT consulted May 14，2021。

③ See Gregory（2011），p.200. 标题《智慧成长》呼应了李普曼和夏普的著作《与哲学共同成长》（*Growing Up with Philosophy*）（1990），Temple University Press，Philadelphia。它也接续了作者创造的 PWC 儿童智慧教育模式，将逻辑和大脑执行功能整合在一起，且可面向学前儿童。参见 Ghanotakis（2015），*Growing Up Smart*，*Parts 1* & *2*. Ottawa，DC Canada Education Publishing/Institut Philos。

鼓励儿童学会思考

本书阐述了李普曼的经典作品《教室里的哲学》①中的主要思想，该作品是第一本面向教师的纲领性手册，向他们展示了作为一个学校科目的哲学实践是如何应用到教学之中的。②特别是要通过展示该作品第一部分的主要内容"鼓励儿童学会思考"，来探讨智慧教育的可行性，这个部分从四个方面揭示了儿童哲学的基本原理：

1. 重新设计教育的必要性；

2. 思维与学校课程；

3. 哲学：教育中遗失的维度；

4. 儿童哲学的教育假设：保存哲学作为一门学科的完整性；将一般课堂转化为哲学探究共同体（即哲学教室）；做好教师与课程准备。③

我发现《教室里的哲学》的第一部分尤其具有启发性和影响力，

---

① Matthew Lipman，Ann Sharp & Frederick Oscanayan（1977/1980），*Philosophy in the Classroom*（*2nd ed*）. Temple University Press，Philadelphia. 在《哲学走进学校》（*Philosophy Goes to School*，1988）这本书［即《教室里的哲学》（*Philosophy in the Classroom*，1980）的姊妹书中］中，李普曼提到哲学训练对于价值教育的贡献，并展示了其在伦理和公民教育上的应用。他也认识到在将哲学视为基本科目的过程中，"有一些学校记录了与儿童进行哲学探究的可能性"。他引用了加雷斯·马修斯的《哲学与幼童》（1980）、《与儿童对话》（1984）以及罗纳德·F. 里兹（Ronald F. Reeds）的《与儿童谈话》（*Talking with Children*）、迈克尔·普里查德（Michael S. Pritchard）的《与儿童的哲学冒险》（*Philosophical Adventures with Children*）（1985）以及他自己与夏普合著的《与哲学共同成长》（1990）等书。

② 李普曼所做的工作不仅使他自己成为"帮助年轻人发展哲学思维能力"的"最具影响力人物"，也因"创造了伟大的助产术……向人们展示了何谓教育、教育应如何的愿景"而广受赞誉。参见 Saeed Naji（2003），"An Interview with Matthew Lipman"。

③ Lipman（1980），Part 1，pp.3—46.

在加拿大儿童哲学促进协会的内部活动中，我们围绕该部分所提出的不同议题进行了热烈讨论。以此为基础，我邀请李普曼教授花了一些时间重新反思了其中提到的核心议题，并与我组织的那次国际会议的主题建立起联系：跨学科的思维教学 [①]。

李普曼讲座与工作坊的背景

该国际会议召集了基于不同教育学和心理学取向来研究或实践认知技巧与批判性思维的教师、研究者、课程开发者和实务工作者，共同讨论李普曼的新反思性教育范式，即通过课堂内的哲学探究来促进思维技巧的教学，而这种对思维教学的讨论在 20 世纪 80 年代中期兴起并引发了一股研究热潮。

全国性的报告反复强调智力发展与认知能力的重要性，推动学校在不同课程中进行思维教学。监督和课程开发协会（以下简称 ASCD）那本获奖的旗舰性杂志《教育的领导力》（EL）不断向世界各地的教育者介绍新的观点与最佳实践，而在 1984 年 9 月刊中则专门推出"课程中的思维能力"专栏 [②]，呈现了基于思维的教学（teaching of thinking）、关于思维的教学 (teaching about thinking) 和为了思维的教学（teaching for thinking）的最佳路径与方法。

受邀参与解释与评估教育项目及分类系统的学者包括马修·李普曼、理查德·保罗（Richard Paul）、爱德华·德·波诺（Edward De Bono）、亚瑟·惠布利（Arthur Whimbley）、罗伯特·斯滕伯格以及那些关注学习能力、推理能力分类系统，和心智活动补偿项目（如鲁

[①] 1986 年 5 月 8 日—5 月 10 日在加拿大渥太华大学举行。

[②] *Educational Leadership*（1984），September 42，no.1，Alexandria，Virginia：ASCD. See *infra* note 104 for the ASCD.

文·费尔斯坦的"工具性充实方案")等议题的学者、课程设计者也参与了此次会议，这些人在李普曼的讲座和随后的工作坊中都有提到。李普曼对这一期专栏的贡献在于发表了《基于哲学的推理能力教学》一文。① 他将推理能力视为第四个 R，不是作为附加的技能，而是作为其他三项技能（阅读、书写和计算）的基础；认为可以通过课堂内探究共同体的有序对话，依据一定的标准来促进推理能力的发展。李普曼强调，"发展儿童推理能力的最佳途径是让哲学成为课程体系的中心"，因为只有哲学才能提供源自逻辑的标准，帮助儿童区分出好的推理与不好的推理。②

为了更好地理解与会者在工作坊期间所提出的疑问，斯滕伯格将儿童哲学与费尔斯坦"工具性充实方案"（监控自我思考与心理活动）、"芝加哥掌握项目"（Chicago Mastery Program，强调对研究能力的学习）等进行了评价与比较，并得出结论："没有一个项目能够比儿童哲学更可能教给儿童持久性的、可迁移的能力。"③

学校里的哲学

与李普曼的对话激发了我对许多议题的反思，借此我想要分享《教室里的哲学》序言中的几个关键片段，来讨论儿童哲学探究的本

---

① EL（1984），pp.51—56. 其他作者所撰写的文章也有助于我们更好地理解与李普曼对话过程中所涉及的话题："Critical Thinking, Fundamental to Education For a Free Society"（Richard Paul, pp.4—15），"Critical Thinking is Not Enough"（Edward De Bono, pp.16—20），"The Key to Higher order Thinking is Precise Processing"（Arthur Whimbley, pp.66—70），"Assessment of Reasoning Abilities"（Edward A. Morante and Anita Ulesky, pp.71—74），"How Can We Teach Intelligence?"（Robert J. Sternberg, pp.38—48, 对李普曼儿童哲学项目与费尔斯坦的 IE 项目和其他项目进行了对比性评价。）

② EL（1984），p.51.

③ EL（1984），p.44. 我们随后会解释李普曼所参考的教育与文化素养方面的名词及活动，以便更好地理解其对儿童哲学设计和目标的评论及解答。

质、对话技巧以及苏格拉底在有意义生活方面的思想实践。我将梳理李普曼与其同时代的心理学家、哲学家和教育改革家之间的关系，参考李普曼自己的讲座与对话，详细阐明李普曼儿童哲学项目的内涵，并评估其对当代智慧教学的价值。

透过《教室里的哲学》这本书的序言，可见哲学业已成为小学教育中一门受到重视的科目，这完全是一个突发性的事件，因为在20世纪70年代之前学校里并无这样的哲学课程。"数世纪以来哲学一直在本科院校或研究生院层面教授，那小学行政者又基于何种原因将哲学纳入已经拥挤不堪的课程体系之中呢？"①

文化史的一个转折点可以帮助我们回答这个问题。正如哲学的诞生这样的"重大事件"发生于公元前6世纪的古希腊那样，因为当时"思维开始转向自身，人们开始思考思维本身……而当代许多教师和管理者也开始意识到思维过程的优化与完善在哲学内部才能达到顶峰，因为哲学自身就是发展思维过程的最佳工具"②。将哲学引入学校，可以为素质教育提供最具创造性和最有力量的路径，协助不同的课程聚焦于思维教学和思维过程的优化。

苏格拉底的启示

在通读序言的过程中，我们发现李普曼等人参照了古希腊的哲学传统，特别是苏格拉底的哲学及其方法。这种参照非常重要，因为儿童哲学的方法就扎根于苏格拉底的对话探究之中。对话与讨论技巧是培养思维能力的奠基石。

苏格拉底方法的重要性在于它是一种简便和容易上手的方式。苏

---

① Lipman（1980），p.xi.
② 同上。

格拉底教育年轻人和雅典民众的方式，不同于传统的那种特别讲究技巧的、充满专业术语的方式，也不是仅仅将哲学化的行为局限在"技术精英"或少数专业人士身上。

在苏格拉底方法的指引下，儿童哲学以一种简约的、对话的却不乏深刻的方式，成功地触及了儿童的心灵世界，并以此为出发点展开探究。在此，我想强调的是这样的方法"简约而不简单"。

触及儿童的心灵

哲学家的深刻思想往往可以用简约而朴素的语词来表达。哲学教育的目的不是使学习者深入研究模糊的词语，或仅仅是重复相关的概念和术语，而不管其是否能应用到日常生活之中。当我们与儿童开展哲学活动时，我们当然有义务避免使用模糊的概念。

李普曼博士的高明之处，主要在于其有能力对哲学概念进行转译和加工，使其适应于儿童的智力和动机需要。由此而言，他所撰写的哲学小说就是最好的例子，不仅在于其通过有趣的故事情境引入和发展哲学概念，而且其提供的对话模型展示了儿童如何通过与他人在精神上的互动而学会自主思考。

与儿童一起做哲学

在关于课堂的教育干预方面，以上内容并不是我们能从苏格拉底那里得到的唯一启示。苏格拉底关于智力探究的模式教育我们，哲学存在于实践的过程之中。"思考就是工作。"这种反思和对话的工作，没有人能够代替他人来做，只能自己完成。儿童哲学项目通过邀请儿童参与对话过程，从而使他们学会自主思考（do the thinking）。

李普曼博士总结了苏格拉底对儿童哲学探究式学习的教育意义，

主要体现了以下四点：

1. 所有主要概念都应具备可操作性，且操作的步骤应具有合理的顺序；

2. 智力探究应从学生的兴趣开始；

3. 激励人们进行思考的最佳途径就是使他们参与对话；

4. 卓越的思维是富有逻辑的，且建立在经验的基础之上（它也同时是想象性的，正如我们从柏拉图那里所了解到的）。所以思维技巧的训练项目应同时关注形式推理和创造性推理。[1]

以上四点均与儿童哲学项目密切联系，我将按顺序对这四点进行评论。

概念操作化

概念的操作化指的是哲学不仅仅是一种简单的逻辑探究技术或启发工具。用约翰·布兰思福特（John Bransford）的话来说，哲学只有提供概念上丰富的知识背景，儿童才能在此基础上获得洞察力，并解决不同学科内的真实问题。[2]李普曼继承了杜威的反思性探究是组织课程之基础的思想，认为"只有以培养良好的思维习惯为中心，教学的各个过程才得以统一。"[3]

哲学概念的构成需要以有序的方式，且能满足儿童的"动机和理智需要"。[4]夏普博士在其《儿童哲学项目的主干与课程动力学》一文

---

[1] Lipman（1980），p.xv.

[2] John Bransford（1985），"Philosophy and the Teaching of Thinking Skills"，lecture delivered at the conference "The Student as Thinker"，Lehigh University，October 19，1985.

[3] John Dewey（1916），*Democracy and Education*，New York. Free Press，p.163.

[4] Robert Sternberg（1984），"How Can We Teach Intelligence?" in *Educational Leadership*，September 1984，pp.47—48.

中即指出，此种有序化的可操作性是儿童哲学项目从开始创立时就具备的基本动力。①

儿童中心法

我们从苏格拉底学到的第二点主要经验是其以学习者为中心的方法。儿童哲学的方法是以学习者自身的兴趣和他们从小说中发现的问题或话题为中心。因此有必要给予儿童表达的机会，使他们不仅仅被看到，且能被倾听。他们的沉默会使我们无法在其"惊讶、搜寻和推理"的过程中看见他们的思想，无法在儿童努力将自己塑造成为一个成熟和有责任心的个体这样的关键期，提供必要的社会支持。②

这种对儿童兴趣的重视与现代教育的主要转向是一致的，以抵抗传统教育所强调的以教师为中心的方法或讲授式方法。如果儿童不感兴趣，他们就无法成为"主动的学习者"。他们将无法从学习者自身的经验出发，参与获取和（重新）创造知识的活动。

这种应用和创造知识的过程比我们想象得更早开始。一个五岁的孩子已经积累了五年的学习经验，因此他们完全可以在这些经验的基础上进行创造。

对话是思维发展的奠基石

苏格拉底的第三点主要启示是将对话视为发展学生思维能力的基础。对话作为集体思考的社会性共同经验，是通往真理的重要路径。

---

① 夏普博士的文章被收录在渥太华会议《跨课程的思维教学》的论文集中，George Ghanotakis（1987）edit，*Teaching Thinking Across the Curriculum*，CIPC，Ottawa，pp.30—37。

② Lipman（1988：194—197）。请注意儿童中心法与探究共同体的教学法是完全兼容的，有些学者已对此进行了论述（Haynes & Murris 2012，4）。有必要以学习者自身的兴趣为起点进行教学，避免以权威式教学的方式直接灌输知识。

在儿童哲学项目中，儿童学会自主思考，也学会通过对话与他人共同思考。正是在对话探究中，他们才能学会架构自己的思维，从而获得知识的客观性并验证主张的有效性。

此处的假设在于客观性需要通过对话，在自身的自我纠正过程中才能实现。对话邀请个体向他人"曝光"自己的主张，并通过他人的观点来加以确认。①

锚定经验中的真理

李普曼博士想让我们留心第四点启示："卓越的思维是富有逻辑的，且建立在经验的基础之上。"这一主张将我们带回李普曼经常引用的杜威在《经验与教育》（*Experience and Education*，1934）中所说的话。它也同样表达了存在主义的一个观点，即真理经由个人的经验所建立与确证。真理必须在个人的经验中得到确认，否则它将始终处于抽象的状态，无法应用于我们的日常生活之中。

记得在数年以前，我在讲授一些有挑战性的思想家如黑格尔和海德格尔时，会通过给出概念应用的例子，让我的学生遵循体验式学习的路径②，对自己的理解进行存在体验的尝试。这便是对习得概念进行存在主义式输出的方式之一。

---

① 李普曼在应用苏格拉底对话法来辅助参与者产生观念的过程中，没使用苏格拉底方法中的"逻辑反驳"技巧（*elenchus*），即通过提问来反诘对方所持主张以降低其说服力，从而在他人身上制造一种思想上的混乱（*aporia*）。例如苏格拉底指出"虔诚就是凡事都要取悦上帝"这个定义存在逻辑不一致的问题（Plato，*Euthyphro* 10d—11a）。奥斯卡·博尼菲（Oscar Brenifier）的苏格拉底助产术则主张将反诘法运用于儿童身上，引发自我冲突并产生不同的假设。http://www.pratiques-philosophiques.fr/en/pratical/philosophywith-children/ Philocité（2021）*Philosopher par le dialogue*：*Quatre méthodes*，Paris：Vrin，pp.139，145. For various uses of the Socratic method，see http://www.socraticmethod.net/.

② David，A. Kolb（1984），*Experiential Learning*：*Experiences the Source of Learning and Development*. London：Pearson.

学生会按照我称之为黑格尔或海德格尔的"自己做"方式进行实践，以此在自己的经验中内化并应用所习得概念背后的真理。此种应用是批判性审视世界的重要条件，可就此实现"个人的本体性使命"，正如保罗·弗莱雷（Paolo Freire）的批判教育学所指称的那样。①

弗莱雷对教育的银行储蓄模式进行了批判，认为这种模式将内容直接灌输到学习者的头脑之中，使其适应并接受已有世界的知识，抑制了他们作为批判性思考者的创造力，从而阻碍了他们作为合伙人以及积极意义的构建者与教师进行对话②。这正如杜威反对将教育视为事实的简单传递，而主张促进社会变革和重构教育一样。批判教育学通过教学来对抗种族主义、性别主义和种种压迫，通过批判意识的培养或"意识觉醒"以及政治行动来促进自我实现和解放。

对话教学重构了学生之间的关系，使他们每个人都成为知识的共同创造者。在教育学的关系中，四类对话行动得以展开，即联合、同情、组织和文化整合。③

技能的内化和迁移

在儿童哲学项目中，其挑战不仅仅在于建立概念的共识性理解，也在于对习得概念的内化并应用到儿童的生活之中。有迁移和连接到个体世界的可能性，是选择合理的思维能力项目的一条重要标准。以斯滕伯格的观点来看，没有什么项目比儿童哲学能更有效地传授可迁移的思考技能。④

---

① 保罗·弗莱雷 Paolo Freire（1970），*Pedagogy of the Oppressed.* Seabury Press，Boston。
② 同上，p.75。
③ 同上，p.16。
④ Robert Sternberg（1984），"How Can We Teach Intelligence?" in *Educational Leadership*，September 1984，pp.47—48.《聪聪的发现》课程项目（The *Harry* Program）包含《聪聪的发现》（*Harry Stottlemeir's Discovery*）小说以及配套的教师手册《哲学探究》（*Philosophical Inquiry*），重在发展 35 项思考能力。

通过循序渐进的课程教学和想象性练习，思考技能的迁移得以保障。练习和讨论计划邀请学习者进行自我反省、发展同理心、进行角色扮演和开展观念的戏剧化活动等，开展将创造性推理和形式推理相融合的活动。

具有多重价值的逻辑与创造性

最后，正如李普曼博士所提醒的："我们从柏拉图那里所获知的哲学形象（也同时）是创造性的、富有想象力的。"哲学不能像人们通常所相信的那样，可被还原为抽象的单线逻辑或数学逻辑。

爱德华·德·波诺（De Bono）的心理学取向将创造性、横向思维与逻辑的、批判性思维置于对立面[1]，而李普曼则兼顾这两种思维，使之携手并进，共同推动反思性探究的练习与发展。逻辑或批判性思维可以对创造性思维进行质量控制，使之成为有责任的思维，受标准指引而产生理性、可靠的判断。使创造性思维做出合理判断的标准包括精准性（质和量层面的）、连贯性、相关性、可接受性和充足性。[2]

逻辑是思维的"肌肉"，具有多重价值、多维度的特点。它以整体性的方式，将创造力、情感、道德和社会责任与科学逻辑推理等能力融为一体。在《教育中的思维》（2003）这本书中，李普曼指出多维度的"卓越"思维必然同时是批判性、创造性和关怀性的思维，它经由探究共同体的模式得到滋养，其审议的过程是民主的、自我校准的和敏于情境的。[3]

儿童哲学将哲学合作探究的所有层面都整合至教学法和相关材料

---

[1] 参见李普曼对爱德华·德·波诺方法的批评。

[2] Lipman（2003），*Thinking in Education*，pp.233—234.

[3] 同上，p.201，224。

之中，鼓励儿童在思维的所有领域和方法上都能深思熟虑。例如在《聪聪的发现》中，包含了不少于 87 个精神活动以及 18 个形式推理规则，这些活动和规则都通过小说中的不同角色和解决问题的情境而得以操练。

在 1986 年的一次讲座中，李普曼将批判性思维界定为一种"严谨而负责任的思维"，而在《教育中的思维》这本书中，李普曼则进一步将批判性思维定义拓展为依据标准、自我校准和"敏于情境"并能促进个体做出判断的思维 ①，两者的区别仅在于判断的形成这个方面。作为 20 世纪 80 年代末国际专家团队的一员，以及为促进美国哲学协会（APA）德尔菲研究项目的发展，李普曼赞同将批判性思维进行更广义的界定，即包括分析、解释、说明、参照、评价和自我管理等。②APA 德尔菲研究项目的一个重要组成部分，是聚焦于批判性思维的心理倾向部分以及思维能力的应用。

批判性思考者的能力与倾向

在较强的意义上，批判性思考者是指那些既有能力进行批判性思考，也愿意进行批判性思考的个体。一个人必须养成必备的思维习惯才能负责任地使用能力和解决问题。这便是美国加利福尼亚批判性思维测验（CCTST）经常和加利福尼亚批判性思维倾向清单（CCTDI）联合实施的原因，目的在于测出个体在"愿意和有能力进行批判性思考"这一表达中"意愿"的维度。能力和倾向都是在强意义上的批判

---

① Lipman（2003），*Thinking in Education*，p.212.

② P.A. Facione（1991），*Critical Thinking*：*A Statement of Expert Consensus for Purposes of Educational Assessment and Instruction*. Milbrae：CA，The California Academic Press. 还可参阅 R. Paul and L. Elder（2011），*Critical Thinking Tools for Taking Charge of Your Learning and Your Life*，3rd edition，Upper Saddle River，NJ Prentice Hall。

性思维所不可缺少的组成部分。①

CCTDI 由 7 个标准构成：思想开放、分析力、探究力、复原能力、审慎、追寻真理、条理性和信心。李普曼将批判性思维界定为严谨而负责任的思维，也反映出好的思考者应具有上述倾向性特点。②

评价与能力分类学

在李普曼的讲座中被提及，并在渥太华国际工作坊中持续受到争议的一个重要话题，是推理能力的本质与评价，以及与学校学业成就之间的联系。希普曼（Virginia Shipman）博士曾与李普曼和 IAPC 测验部有紧密合作关系，也曾担任普林斯顿大学教育测验服务中心（ETS）的高级研究员，后来开发出"新泽西推理能力测验"（NJTRS）。③

这项测验包含 50 道测验题，其后被许多学校所确证，我也应用在

---

① 关于德尔菲研究的完整内容以及所得出的针对批判性思维的共识定义，可见于如下文件："*Critical Thinking*: *A Statement of Expert Consensus for Purposes of Educational Assessment and Instruction*"，first published as ERIC Doc. NO.: ED 315 423，1990。批判性思维的"弱意义"是自我中心、对于自己根深蒂固的假设毫无批判性、以社会为中心、诡辩、独白式的，仅关注赢得论辩并拒斥他人。而批判性思维的"强意义"则是辩证的、移情的、公正思维的，将不同群体的兴趣和世界观都纳入考量范围，对自己可能产生的偏见保持自我纠正的态度，有能力质疑自己的思想框架……以富有同情心和想象力的方式重构出最强有力的观点及其思想框架来反对自己。R. Paul（1990），*Glossary*，*An Educator's Guide to Critical Thinking Terms and Concepts*，Chapter 41，p.21. 对保罗来说，分析和评价推理的辩证能力是"一项互惠的能力，基于不止一种观点的推理能力，以及通过了解在论辩过程中的不同观点并根据所提出的反对意见理解优势和劣势的能力"（Paul，1981，2）。但女性主义者对保罗"强意义"上的批判性思维进行了批评，认为批判性思维应建立在关联知识和接受理性、足够理性的基础上，而不仅仅建立在独立知识的客观互惠基础上，此点与吉列根和诺丁思的关怀伦理相呼应，参见 B.Thayer-Bacon（1992）。

② CCTDI 也是建立在 APA 德尔菲研究报告所达成的共识基础上。此报告还详细阐述了"理想的批判性思考者"的基本特点。

③ Virginia Shipman（1983），New Jersey Test of Reasoning Skills，Form A，Totowa NJ，Totowa Board of Education. The test is available from the IAPC Test Division，Montclair State University，Upper Montclair NJ 07043.

加拿大学校哲学项目中。① 它还被 ASCD 视为评估学生取得成就所需的思维能力的最有效和最可靠的工具。②

NJTRS 工具（N=641）着重评价如下能力：转化、标准化、一般推理、假想、归纳、充足理由、三段论、矛盾、假设识别和因果关系等。其有效性体现在与另外两项测验（即康奈尔批判思维测验和惠布利分析能力测验）的比较中，它与新泽西大学的基础能力分级测验拥有最高程度的相关性，尤其是在阅读理解（0.82）、句意（0.81）、短文（0.69）、计算（0.67）和基础代数（0.59）等方面。③

需要注意的是，李普曼为编制新泽西思维能力分类法，区分各种关键心理活动、推理能力、认知状态和探究能力，以及综合种种认知状态与心理活动来界定和测量不同项目中的思维能力等，做出了重要贡献。④ 这里仅列举部分不同范畴的思维能力：心理活动（如联想、假定和对照），推理能力（概念形成、推测、排序、使用标准、分组、评分、范例、概括），认知状态（知道所知的人、比较、表达意愿等），探究技巧（观察、生成假设、形成问题、验证、形成结论、查找相关证据等）。

儿童哲学的独特力量在于充分利用了新泽西思维能力分类法所描述的种种能力。相比其他测量工具所提到的能力，如布鲁姆认知能力

① 若要了解整合新泽西测验与其他认知和能力测验的研究结果，参见 Ghanotakis（2021），*Growing Up Wise：Practical Applications*，附录 1。
② Edward A. Morante，Anita Ulesky（1984），*Assessment of Reasoning Abilities*，*Educational Leadership*，v.42，n.1，Virginia，Association for Supervision and Curriculum Development（ASCD），pp.71—74. http://www.ascd.org/ASCD/pdf/journals/ed_lead/el_198409_morante.pdf.
③ Morante & Ulesky（1984），p.74. 请注意，ETS 所开展的实验研究显示，参加李普曼儿童哲学课程的学生，其在阅读（83%）和数学（61%）方面的能力有显著的提升（.0001）。这项 ETS 的研究由希普曼博士主导实施（有关该项目研究结果的详细描述，可参阅 Lipman，*Philosophy in the Classroom*，1980，pp.217—224）。
④ Morante & Ulesky（1984），同上。

分类系统（Bloom's classification system of cognitive skills）和费尔斯坦工具性强化系统（Feuerstein's instrumental enrichment），以及德·波诺横向思维能力（不关注所需的逻辑和探究推理能力①），以上能力是有明确标准参照的，并且在更强的意义上与学生的学业成就有相关性，也更具可迁移性。

教师在探究共同体中的作用

在儿童哲学中，教师的作用不是传递或分配任何给定的思想体系。以苏格拉底"精神助产士"为榜样，教师的功能是鼓励学生畅所欲言，从而使他们学会思考。

教师必须鼓励学生在李普曼所谓探究共同体（COI）框架（也可称为批判性思维教学法）指引下的对话交流情境中，自己主动思考和发现观念，这也是为了他们自己好。②教育是学生参与教师指导的探究共同体的结果。

在探究共同体中，学生学会彼此质疑、批判性审议和思考，同时也在这种共同体中因借鉴他人经验而获益匪浅。③

探究共同体包含对话的根本要素：（1）相互尊重；（2）探究建立在彼此观点的基础上，遵循论辩自身的发展逻辑；（3）相互挑战，为各自的观点提供理由；（4）相互协助，以便从已知讨论中得出结论；（5）设法找出别人观点背后的假设等。④

---

① 若要了解斯滕伯格在对比学校中实施的其他思维项目基础上，对儿童哲学项目所进行的评估，可参阅 Robert Sternberg（1984），"How Can We Teach Intelligence?" in *Educational Leadership*，September 1984，pp.47—48。

② Lipman（2003），*Thinking in Education*，p.13.

③ Lipman（2003），*Thinking in Education*，p.240.

④ 参阅 Jana Mohr Lone and Michael D. Burroughs（2016），*Philosophy in Education：Questioning and Dialogue in Schools*，Lantham：Rowman & Littlefield，pp.36，54；Lipman（2003，13）。

哲学探究共同体的本质特征是其成员之间的相互提问、为各自的信念提供理由，以及指出彼此观点的推论等。加里森（Garrison）最近将探究共同体运用于 21 世纪的在线学习之中，以此来建构意义和维持共同的理解，从中发现教师对于社会层面的设计、促进和方向把握有不可缺少的作用（如创设鼓励合作的人际环境）。此处的社会存在与认知过程相互交织在一起，用以建构和确认意义，以便实现相关学习目标。

探究共同体将对话与合作视为寻找更合理解释的路径，但它并没有将直接教学的可能性排除在外，因为后者在教学过程中所发挥的作用也是不可缺少的，如蒂姆·斯普罗德（Tim Sprod）所言，尤其是在讨论中出现被忽略的思考以及扮演"魔鬼代言人"角色的时候，需要教师直接将被那些忽视的思考注入讨论过程之中……如果团体内因缺乏多元性，致使探究共同体盲目接受了某些有争议的道德标准。引导者就应当通过直接干预，确保讨论不会忽视其他维度的思考。①

本书的本质与结构

本书的目的在于通过展示哲学探究的工具、与其他教育实践的比较等，来揭示儿童哲学在推动建立智慧和幸福教育方面所发挥的有效作用，这些都曾在"跨课程的思维教学"国际会议的相关讲座、工作坊和对话中讨论过。

李普曼博士与来自儿童哲学促进协会（IAPC）的其他同事即安·玛格丽特·夏普和弗吉尼亚·希普曼，均受邀参与，与教师、课程开发者、学校董事会和教育部官员等共同讨论儿童哲学的设计、目标和实施等问题，并对实施该项目的教师及哲学实践者所提出的疑问

① Sprod，Tim（2020），Direction in a community of ethical inquiry. *Journal of Philosophy in Schools*，7（2），p.71.

与关注进行回应。

第一部分呈现了李普曼的讲座，题为《李普曼的讲座：跨课程的思维教学和儿童哲学》。该讲座回顾了批判性思维的定义，并展示了如何以负责任的方式让人们自主思考。讲座通过给出具体的实例，辨析了哲学探究与科学、计算机数据处理及艺术创作的区别。

第二部分以《智慧成长的问与答：对话》为题，对那次工作坊中的参与者、教师、其他教育工作者、课程开发者和研究者所提出的疑问及进行的关键讨论做了介绍，对比其他将思考技能应用于教学过程的心理学与教育学模式，介绍儿童哲学项目的基本原则、理论框架及其实践应用。

读者将有机会在对照布鲁姆认知能力分类系统、费尔斯坦工具性强化系统、德·波诺横向思维能力、赫希的文化素养（Hirsch's cultural literacy）和加德纳的多元智能理论（*Gardner's multiple intelligences*）的基础上，结合其他教学法，了解儿童哲学的对话式数据分析和向智慧教育转变的趋势，重新评估儿童哲学的价值。

由本书作者所推动的对话，以简约和轻松的方式利用一百多个主题和有效教学策略进行指导，通过实例向教师和其他教育者展示如何应对课程实施过程中所面临的挑战，并创造条件激发学生的元认知能力，让学生参与到批判性思考过程之中，以及以探究的精神和在充分利用哲学工具的基础上，引导学生进行哲学讨论。

虽然对主题的讨论不够详尽，但本书涵盖了社会学、心理学、哲学及教育学方面的教育实践。本书也将在参考利用创造性工具和游戏材料进行儿童哲学教学的基础上，呈现如何应用不同工具来评估学生的思维能力，确保中小学校的哲学课取得必要进展，学生思维能力和倾向得到发展。

更为重要的是，上文所提到的对话从未问世，在这场对话中，李普曼博士的身份是多元的，他既是教师、教育改革者，也是一名课程开发者和有远见卓识的人。在解决儿童哲学项目实施的各类问题时，李普曼不仅仅分享了儿童哲学在为儿童未来成功做准备时所取得的成就，也揭示了其面临的种种挑战。

附录展示了联合国教科文组织对儿童哲学项目的肯定，通过其国际教育中心推动儿童哲学教育实践，以及通过其合作的伙伴社区协会、工作坊和在线课程推广不同形式的新哲学智慧实践，这些项目旨在通过发展良好判断力和采取社会行动，为年轻人提供工具，帮助他们更有效地处理学校事务以及他们所面临的当代社会里的其他问题。

在本书的总结部分，我参考了当今两大重构儿童哲学的尝试，以重新返回到智慧教育的急切需求中来：其一是探索儿童哲学作为"批判教育学"的政治潜能，期待以对话实践促进世界的转型；其二则是与解释主义的伽达默尔哲学（Hermeneutic Gadamerian Philosophy）相整合，成为一种实践智慧（phronesis），超越只关注推理能力和概念分析的认知论取向，而能同时满足启发德性的目的。

附录展示了一系列有趣的资源，可以为教师和家庭教育者开展基于游戏探究的心智、心灵和灵魂（伦理/价值观）教育提供帮助。

关于儿童哲学和智慧教育新转向的最新研究则以参考文献的方式呈现，以供读者进一步阅读。

最后，正如此前所提到的，儿童哲学作为"智慧导向教育"的影响力不仅指向学生整体学业上的成功，而且指向道德推理和社会能力的改善。[①] 就此而言，儿童哲学在三个影响层面促进了教育向智慧的

---

① "Matthew Lipman，Philosopher and Educator，Dies at 87"，by Douglas Martin Jan. 14，2011，*New York Times*. https://www.nytimes.com/2011/01/15/education/15lipman.htm.

转型：（1）教育政策；（2）课程设计；（3）批判性思维和倾向 [1]，这些也在本书中以前所未有的方式进行了讨论。

在写作本书的过程中，我期望能创造机会促进更多研究者关注智慧教育的哲学化路径，而我个人则在过去的三十五年时间里，一直致力于为 K-12 阶段的学生设计和实施"儿童哲学 + 基于智慧的思维课程" [2]。

——乔治·贾诺塔基斯博士（George Ghanotakis，Ph.D. Director）

---

[1] Cited in Gregory，M. and Laverty，M.（2009），p.160.
[2] 参阅附录，可发现根据儿童哲学开发的各种资源，它们都遵循了最新研究的建议和斯滕伯格的智慧教育指南。

第一部分

李普曼的讲座：
跨课程的思维教学和儿童哲学

当一个人年轻的时候，不要让他懈怠了追寻智慧的脚步；当他年老的时候，也不要让他对这种追寻感到厌倦，因为对于灵魂的健康而言，任何年龄都不会太早或太晚。

可以说此刻正是学习哲学的好时节。

——伊壁鸠鲁（Epicurus），公元前 3 世纪

第一章
批判性思维与计算机技能

苏格拉底（Socrates）

关于思维能力

如果回顾一下《教室里的哲学》的早期版本，即 1977 年的版本，我们可能无法看到太多关于思维能力的内容。思维能力这个概念是在 20 世纪 70 年代晚期才出现，因此我们必须得将这个历史背景考虑在内。

在这本书的第二版及其附录中对思维能力有了更多的讨论。思维或思考这个概念极其重要，它需要有心者进行大量的澄清工作，这个工作显然难度不小。

没有一个人有能力单枪匹马完成这项任务，这必然是一个合作性的事业。

界定批判性思维

佩尼先生（加拿大安大略省教育部副部长）说有必要让儿童负责任地思考，我对此感到震惊并深有同感。确实，我们需要让儿童负责任地、严谨地思考。这也是我认为可以用来描述批判性思维的两大特征。你可以问人们什么是批判性思维，也许有人会说："好的，我能理解什么是严谨，但负责任的思考是什么意思呢？它与一般的思考有何不同？"

一般的思考类似人们所谈论的计算机处理方式，即数据处理方式，就像所有其他的数据处理过程一样，此种处理过程也包含了分析和加工的经验。

你可以将问题输入计算机，计算机会自动生成一个答案。在某种意义上，计算机已经处理了海量的数据。但这是思维吗？

思维与数据处理

在心灵和人工智能哲学领域，已经有大量针对数据处理是否属于思维的讨论。负责任的思维可以包含多个方面，但我会说这种数据处理绝不是一种负责任的思维。

计算机在输出答案时不会承担任何责任。计算机是被程序设计输出那样的答案的。对于计算机而言，没有任何其他选项或备选答案。这是一个强迫性的选择，因此计算机不会对自己输出的答案负任何责任。

负责任的思考与计算机

所以，何时才能获得负责任的思维呢？

只有在人们不按固定思维方式进行思考的时候，他们才能进行负责任的思考？

只有在自主思考的时候，你才能获得负责任的思维。如果他们暂时还不是负责任的思考者，那就教他们自主思考吧。如果你教学生按照你的思维方式思考，就像计算机所做的一样，那就不会产生负责任的思维。

在计算机式的思维中，个人不会为自己所给予的答案负责。这些答案就是你的答案，是你想要听到的答案，是你这部机器输出的答案。

那么，问题是：你该如何使人们自主思考呢？

第二章
让儿童自主思考

亚里士多德 (Aristotle)

问题与讨论计划

如果你仔细看儿童哲学项目的手册，你就会发现哲学概念都以可操作的形态出现，包括讨论计划、练习、活动，有的时候则是游戏。

那些练习通常都有自身的结构，但是几乎所有的练习都没有最终的答案，有些只有问题。

提问的顺序通常也是非常结构化的。这并不是说这些提问的顺序会给出某种答案，而是说它们会推动你进行自主思考，即提出你自己认为合理的答案。

换句话说，如果你面对的是概念，并试图理解该概念的意涵，那么你就是在总体上寻找该概念的所是与所非。由此你就掌握了该概念所涵盖领域的认知地图。

认知地图与概念的内涵

假设你想要获得关于树、关于潮湿的更清晰的概念，通常你会利用同义词来获得，因为其意义就包含在同义词之中。

你也可以通过反义词来了解概念所不包含的意义或内容。接下来的提问可以推进到中间层次、模糊的层次，以及介于同义词和反义词两者之间的模棱两可的层次，从而全面地了解概念到底包含什么、不包含什么。

在此"中间"地带，通常有许多重叠和模糊的内容，你必须仔细思考什么在概念之内、什么在概念之外。没有任何规程、原则或详细说明的程序来帮助你做决定；而你也将逐步看到参与者到底会选择站在哪一边。

儿童开始围绕不同的取向和解释进行争辩。由于这是关于概念到底包含什么和不包含什么的问题，因此必然会成为教室里的可争议之事。

关于"部分—整体"矛盾的例子

例如，我可以提出这样的问题："一滴雨落下来时，是否意味着下雨了？"人们知道当没有雨落下来的时候，意味着没有下雨；当有很多雨水落下来时，就是在下雨。但是当一滴雨落下来时，判断是否在下雨就变得有争议性了。

如果我问："如果一只狗有一个湿湿的鼻子，是不是意味着这只狗是湿的？"我们知道，如果这只狗全身湿透了，那就意味着狗湿了；如果它全身完全是干的，那么它就是干的。这一点非常简单。关于是湿的还是干的，你可以迅速做出明确的回答。但是如果部分是湿的，是否意味着整体是湿的呢？此时你就会意识到存在关于部分和整体的矛盾，而这个矛盾是很难解决的。

如何区别哲学与科学

这类关于概念归类的哲学问题，与科学的归类问题形成了鲜明的对比。在科学领域，遇到归类问题时，它就会要求我们剔除任何模糊、歧义或不确定性的因素。你通过科学方式确立的科学领域，内部不存在任何重叠的概念。这些概念穷尽了领域本身，并且不会相互重叠。假设你建立了关于植物学或动物学的科学领域，你一定要设法确保该领域下没有任何二级类目与其他二级类目重叠。任何科学设计的归类方案皆如此。

与之相反，哲学家或许会认为任何领域的归类方案都不可能穷尽所有可能性。哲学家或许会认为任何归类或概念本身都有其无法包含的部分，所以子概念之间很可能会相互重叠，从而导致歧义。这就会促使我们思考许多有难度、有争议的问题。因此与科学家不同的是，哲学家会在开始时提出关于归类的不同假设，从而引导哲学课上的学生相互论辩、争论，并为自己的立场想出理由。哲学的思考方式与科学寻求清晰明确的解释是不同的。

我并不是说哲学都是关于论辩的，而科学都是关于解释的。我一点也不认同那样的观点。我想你也会在哲学中发现科学性的解释，在科学中也会发现哲学化的论辩。

但是人们的确在使用不同的路径或方法，这就促使我们在哲学领域进行主动思考并为自己而思考。

第三章
哲学探究、科学和艺术

李普曼 (Lipman)

哲学思维的特征是什么？

我们如何来规定哲学思维活动的范围呢？它是科学吗？它是艺术吗，抑或是一种技艺或工艺？哲学家在思考时，他或她到底在做什么呢？如果你观察一下人们制作工艺品的方式，你就会发现当他们学习如何制作陶器，或制作毯子，或制作家具时，他们会加入有专业的工匠师傅或大师级手艺人的工作坊中去。

专业的手艺人会教他们领域内的相关技巧，教他们如何使用锉刀，如何使用刨子刨成平面，如何使用铲子，如何进行工具的选择等。手艺人会教他们认识领域内的工具、仪器及其使用方法。一个人必须精通这些技能才能成为专业工艺领域的一员。

毕加索和伦勃朗

一个人在晚年生活的时候可能会变得非常讲究艺术，但他或她仍然需要知道艺术领域的技巧。你会发现最伟大的艺术家，比如毕加索之类的大师，都非常了解这些技巧。你或许会想成为伦勃朗①，但是你也得知道如何使用交叉线，如何使用干刻技法，如何进行蚀刻，你得像艺术家知晓其工艺技术那样熟悉艺术技巧。

是的，你知道如何即兴发挥，但这是建立在你已经知道且掌握基本能力和技巧的基础上。

哲学探究的基本动作

如果你去参加一堂芭蕾舞课，你会发现所有人夜以继日地都在练习芭蕾舞的基本动作。这是你想要跳芭蕾所必须掌握的基本动作，不管你是首席芭蕾舞演员还是初上舞台的天真少女。

每个人都要研习其所在领域的基本动作，哲学家自然也不例外。哲学也有其基本动作，比如你必须学会如何进行有效的推论。你必须在其他人给出一个陈述时，学会理解其主题及其假设。你还必须学会给出理由和要求他人给出理由。

---

① 伦勃朗·哈尔曼松·凡·莱因（Rembrandt Harmenszoon van Rijn，1606—1669），荷兰历史上最伟大的画家之一。其画作题材广泛，擅长肖像画、风景画等。

第二部分

智慧成长的问与答：对话

第四章
思维的类型和多元智能

霍华德·加德纳
(Howard Gardner)

图表化思维

参与者：您刚才谈到语词的使用，但是我们不也以图表的方式思考吗？那么这两种不同类型的思维能相融吗？

李普曼：您是指图表化思维吗？

参与者：我所说的是类似图表、树形图、交叉分类等所有这类事物，以及它们被讨论的顺序和方式。

李普曼：以逻辑的方式进行图表化思维是说明、澄清和例证所用原则与程序的有用方法。这一点通常并无问题，因为相比于我们使用语词，插图和图解形式的确能发挥更有效的作用。当你通过遮住中间部分并以此对陈述进行图表化思维时，它会向你视觉化地呈现哪些是行不通的。

视觉表征

李普曼：另一个方面，图表化思维也会存在问题。当某图表不合适的时候，学生可能无法理解，并会对概念的思考产生困难。所以有的时候视觉表征可能是有效的，有的时候却会产生反作用。有时语词的方式远比视觉表征或身体运动的方式有效。我必须承认，有时用大脑或语词来思考可能更合适。

智能有数不胜数的呈现方式，如果你擅长以某一种方式思考，你就是有智能的、聪明的。

多元智能理论

参与者：您是指霍华德·加德纳的多元智能理论吗？①

李普曼：我记得他提出的多元智能只有有限的七种，但事实上应该还有更多。

---

① 霍华德·加德纳（Howard Gardner）是一位美国教育心理学家，其多元智能理论是全球最有影响力的教育理论之一。正如我们在"光谱教室"中所看到的，每个儿童都能以不同数量的智能参与学习过程，教师提供不同的材料和道具给予支持，包括桌面游戏、艺术材料等，以适应他们不同的学习风格，从而发挥每个儿童的优势力量；同时教师也会在儿童生成多元智能连接和结合之前，以最适合儿童的方式来教他们。加德纳第一本关于此话题的书是《心智的框架》(*Frames of Mind*, 1979, New York, Basic Books)，李普曼也曾引用过此书中的内容，该书介绍了其中不同类型的智能：语言的文字智能 (*linguistic*)、逻辑数学的数字或推理智能 (*logical mathematical*)、空间的图像智能 (*spatial*)、身体动觉的身体智能 (*bodily kinesthetic*)、音乐的音乐智能 (*musical*)、人际的人际智能 (*interpersonal*)、内心的自我智能 (*intrapersonal*)。在第二本书《多元智能：理论与实践》(*Multiple Intelligences: The Theory in Practice*, 1993, New York, Basic Books) 中，加德纳增加了第八种智能——自然的自然智能 (*naturalistic*)，即能识别自然模式以及进行物种分类。在第三本书《重建智能框架：21世纪的多元智能》(*Intelligences Reframed: Multiple Intelligences in the 21st Century*, 1999, New York, Basic Books) 中，加德纳提出了一种存在主义的道德或精神智能，即哲学智能 (*existential moral or spiritual intelligence*)，这种智能无法用大脑结构来进行生物学式的解释，即个体有能力提出关于事物的意义，思考我们人类的起源以及宇宙的命运等问题。在2003年的一次采访中，加德纳曾言："我在考虑增加第九种智能或存在智能，但我还没有从大脑结构或加工过程中找到证据来证明这种存在主义式的思维模式。在他或她思考关于无限、死亡或美的意义时，扫描其大脑看看内部到底发生了什么，这将多么有意义！"参阅网址 https://brainconnection.brainhq.com/2003/02/05/aconversation-with-howard-gardner/ retrieved February 13 2021.

参与者：七是一个神奇的数字！

李普曼：一个神奇的数字？还有许多其他表现智能的方式。你可以以数学的、几何的、艺术的、建筑学的方式以及很多别的方式来表现智能。在这其中任何一个方面表现突出，都可以说一个人是有智能的。但对我们教育工作者而言，问题是并非所有的智能在学校场景中都同样有用。学校场景强调语言，因此语言化的思维比非语言化的思维更加重要。即便如此我仍然会说，没有任何理由应该选择某一种智能而轻视另一种。所以，总的来说，如果你说的是智能测验，你需要摒弃那种等级化的思维，简单正视它们，并说"所有形式的智能都是平等的，都应平起平坐"。

文字测验和学校情境

李普曼：但是就学校绩效而言，它们并不是同等重要的。某些智能相比其他智能而言能产生更多更直接的成效。例如，参加文字测验，学生更需要语词思维而非其他类型的思维，即便在其他方面两者或许是同等重要的。这就是为什么当人们告诉我们"重要的是学习如何进行形象思维、符号思维和数学思维"时，我们应该提问："是的，但是它们是如何在学校情境中发挥作用的呢？"

数学推理

李普曼：你知道曾经有一段时间，有人告诉我们、传授给我们关于数学之好的信息：数学能教我们如何推理。他们还告诉我们"你需要知道的所有推理都包含在数学之中"，并延伸到语言艺术之中。这是由那些想在推理教学方面占据垄断地位的人教育我们的。而且在没有证据的情况下，他们还信誓旦旦地说数学推理可以延伸到文字推理上去。

但是，桑代克①早在 1919 年时就指出事实并非如此，延伸并不会自动发生。自此以后这方面的研究就存在空白。

逻辑作为语言思维的一部分

李普曼：如果数学思维并不能延伸或迁移，那我们该如何教孩子推理呢？我们不能使用逻辑，上天不容！对吗？我们不能使用逻辑是因为符号逻辑非常糟糕。符号逻辑并不会比数学更有利于能力迁移。但是另一方面，或许还有别的使用逻辑的方式，即在语言系统之内而不是远离它，就像人们引入数学那样。一旦你开始这样想，我认为你就会开始看到我们完全可能用语言思维的一部分而非以脱离它的方式来教推理。

---

① 桑代克（Edward Lee Thorndike, 1874—1949）是一位美国心理学家，他的整个职业生涯几乎都是在哥伦比亚大学师范学院度过的。他在比较心理学和学习过程方面素有研究，创造了联结主义理论（connectionism），并为教育心理学奠定了科学的基础。他曾与威廉·詹姆士（William James）共事，是行为主义学习研究和以迷箱（puzzle boxes）为材料进行动物临床实验研究的先行者。他编制了三种不同的单词书，以协助教师进行字词和阅读教学，即 The Teacher's Word Book（1921，1932，1944），包含总计 3 万个单词供儿童和青少年进行通识阅读。在 1921 年他写了一篇论文，题为《关于受教育者无法理解简单的几何事实》（"A Note on the Failure of Educated Persons to Understand Simple Geometric Facts"，The Mathematics Teacher, Vol.14, No.8, dec.21），并出版了 The Psychology of Arithmetic（1922，MacMillan Company, New York）。在该书中，桑代克展示了最新的心理动态学理论及其在智力测验和算数教学高级推理加工过程中的应用。

第五章
哲学与其他学科

贾诺塔基斯：既然我们已经论及问题的形成方式，我的建议就是选择人们提出的问题，将其呈现在板面上，进而建立一个讨论的议程。

李普曼：我认为这样的过程很好。

贾诺塔基斯：好。我在读《教室里的哲学》这本书时，看到这样一句话："当哲学最终出现时，从原创和自主的意义上来说它就是哲学的，在其所关注的方面是科学的，在呈现的方式上则是艺术的。"那么哲学探究在处理与不同学科的关系的同时是如何进行思维教学的呢？

李普曼：我们经常从教师职业的代言人（如英语教师协会和数学教师协会，这些协会常对自己所在学科的教学内容进行必要性宣传与推广）那里听到，他们中的大多数教师已经在教儿童思考了。如今，很难看到教师在教任一学科时不教学生思考。如果你教的是某些已经组织化和程式化的内容，并且所教学科也要求你必须掌握某些技能时，那么你当然就在教学生思考。但问题是：你有在教学生自主思考吗？

真正的思考和规则的应用

参与者：运用某个规则算是思考吗？运用某个规则在哪种意义上算是进行真正的思考呢？

李普曼：你可以运用某个规则并将其投入思维教学的过程之中，甚至教儿童自主思考。如果你要求自己的学生举例说明生活中哪些类似情境也是需要规则的，我相信他们就会发现存在某些共同之处……

学校文化和规则应用

参与者：但学生掌握规则的运用方法是否就足够了呢？我认为有许多学校走到这一步就停滞了。我不希望我们在讨论教师实践和学校文化时是一样的，您注意到其间的区别了吗？许多学校文化在论及思维时只关注其规则的运用，并没有向前更进一步。

李普曼：有的使用规则的方法是机械的，有的则只是简单地受规则的指引，并不需要严格遵循规则。有的教学生或小思考者的方法，是让他们即兴使用规则、制定他们自己的规则以及灵活使用相关程序。这些方法我认为是具有创造性的。规则本身并不会与思维、原创思维相冲突。你同意吗？

参与者：我们有一位数学老师主管学校董事会里的所有老师。为了验证现在的孩子不会思考这一想法的真实性，我们有一套简单问题可以测验出来。他让所有的老师向孩子们这样发问："你在一所动物园里。如果你给猴子一颗花生米，猴子就会立刻笑一次和跳一次。如果你给他三颗花生米，猴子会做什么呢？"孩子们的回答简直五花八门！我认为他非常聪明，但是我觉得这是一个"良心揭秘者"的问题。随后我意识到这个问题的局限性很大。（李普曼没有评论这个即兴创作规则下的无结果思考。）

第六章
布鲁姆的认知系统

本杰明·布鲁姆
(Benjamin Bloom)

布鲁姆认知能力分类学

参与者：我想讲一讲归类这个话题。我想特别提及布鲁姆关于认知能力的分类学①。有一些关注点聚焦在这个分类系统的基础上，因为它事实上影响了北美的大多数教师和其他教育者。

李普曼：你的意思是说"受影响"还是"受感染"呢？

参与者：我们常常会见到评价工具、课程指南等，它们在本质上是对分类系统进行高度结构化的产物。

李普曼：简单点来说，我想要指出几点。第一点，分类系统没有特

---

① 本杰明·布鲁姆（Benjamin Bloom，1913—1999）是一位美国教育心理学家，其在20世纪50年代中期开发出一套描述和评价学习结果的完整体系。其分类学包含三个维度，即认知、情感和动作技能。他与合作者对认知能力框架进行了详尽阐述，并将其广泛应用在学校系统中。其认知水平（思维能力）包含六个范畴：知识、领会、应用、分析、综合和评价。但关于是否存在一个序列化或等级化的结构仍存争议。参阅 Benjamin Bloom（1956），*Taxonomy of Educational Objectives*，Allyn and Bacon，Boston MA. Benjamin Bloom（ed.），*Developing Talent in Young People*，New York，Ballantine Books.

别包含传统的推理能力。它所包含的技能基本上都是从社会科学方法中推出来的探究技能。第二点，它也是阶梯性的，因此对于思维教学来说没有任何意义。当然，就时间顺序而言，它也没有任何着力。儿童可以给出理由、选择偏好、陈述偏好、做出评价等，从他们会说话的那一刻开始，抑或更早。没有任何理由和逻辑支持说，我们刚开始的时候是进行回忆，而后才有能力进行理解、分析、综合和评价。

布鲁姆的错误解释

李普曼：教师通常会对布鲁姆的分类学进行解释，甚至是错误地解释，认为其是按时间顺序发展的。因此在他们看来，童年早期就应开展严格的记忆测验，让儿童学习掌握信息而不对其进行评价，因为此时儿童还没有做好进行评价的准备。

这种分类式学习或思考将整个过程凌驾于儿童之上。所以事实上，布鲁姆的分类学已经造成了很大损害，而且还会继续以这种方式产生消极影响。

批判布鲁姆和科尔伯格

参与者：那么您的项目如何抵消此种不良影响呢？

李普曼：儿童哲学项目的实施过程与此有直接的不同。如果你单刀直入地向我提出问题，我也会直截了当地告诉你我的感受。但是总的来说，我们还是不要直接围绕如何反击布鲁姆、科尔伯格①或任何其他

---

① 科尔伯格（Laurence Kohlberg，1927—1987）是一位美国教育家和心理学家，其创立的道德发展理论在 20 世纪七八十年代占据主流地位。他对皮亚杰的道德发展理论进行了改造与扩展，构成三个水平六大阶段：前习俗水平（pre-conventional），4—10 岁（服从和惩罚，若能满足个人利益则互惠有可能发生）；习俗水平（conventional），10—13 岁（聚焦于对自己"好"的社会关系，遵守法律和秩序规定的个人义务，成为一个好的男孩或女孩）；（转下页）

人来讨论比较好。

我们正在努力尝试的是做我们能做的，并且把它做好，在这个过程中人们自己会看到其他模式或路径所产生的反作用。但是我们并不会去做大量关于观念冲突或"意识形态战争"的直接工作。

儿童哲学项目的材料是如何建构起来的

参与者：那不是我关心的。我所关心的是您是否以不同于布鲁姆分类系统的方式那样或其他的不同方式，建构自己的教学材料以及（或）评价过程的。

李普曼：是的，当然，我们绝对是这么做的。如果我们为幼儿园或小学一年级建构儿童哲学课程，我们会让孩子们进行分析、综合、理解、评价等，而不管他们是什么年龄段的；这是因为你有责任让他们逐渐养成这些能力。

如果一个两岁的儿童踢他的弟弟，或把他的弟弟从婴儿床中拉出来，你可能会生气，因为在你看来，这个儿童不理解、无法评价和分析自己的行为。这个时候你需要帮助他对自己做了不应该做的事情负起责任。

这并不是因为他不记得规则。你要说"你不认为自己已经伤害到弟弟了吗？你应该要知道后果，你应该有能力为你自己做的事给出理

（接上页）后习俗水平（post-conventional）（内化关于公平正义的普遍伦理原则，即便与法律和秩序相冲突）。科尔伯格应用道德两难概念来呈现两个相冲突的价值观，其中最著名的便是"海茵兹偷药"两难问题。科尔伯格的批评者卡洛·吉列根（Carol Gilligan）认为科尔伯格的理论存在性别偏见，因为在其测验中，所有被试样本都是男性，且其强调的道德推理没有建立在对他人关心的基础上。对李普曼而言，道德困境提供的两种选择，作为发展道德判断的方法被人为解释和限制。另见 Michael Pritchard（2000），"Moral Philosophy for Children and Character Education," *International Journal of Applied Philosophy*，14（1）：13—26。

由"，等等。即使那仅仅是一个两岁的孩子，你也应该让他（或她）负起责任。所以我们必须将一个学龄初期的儿童或在他（或她）达到入学年龄之前，就使他们有能力做这样的思考。

无等级顺序的技能

参与者：我不理解您讲的关于布鲁姆分类系统的部分。您的意思是说布鲁姆的分类系统并不能发展儿童的思维能力吗？我对布鲁姆的理解是他的分类系统就是在发展儿童思想的质量。

参与者：李普曼先生认为布鲁姆并不一定会假定一个思维的序列、一个等级化的序列。李普曼先生坚持我们应该对处于不同顺序位置上的技能进行综合考虑，不能简单将它们按时间段进行区分，比如有一个时间段用来吸收知识，一个时间段用来理解，一个时间段用来应用技能，另一个时间段则用来评价。

但是我们从一开始的时候就可以学习使用所有技能。李普曼先生似乎没有另外的理论模型，作为替代布鲁姆的另一套模式。但是在实践中，我们可以聚焦所有思维能力的整合。

第七章

哲学与跳出思维定式

爱德华·德·波诺
(Edward de Bono)

横向思维的地位

参与者：如果让我来提出不同意见的话，我会在德·波诺理论的基础上提出一个问题。[①] 横向思维是否在儿童哲学中占据一席之地？

[①] 爱德华·德·波诺（Edward de Bono）是马耳他医生、心理学家、作家、发明家和"横向思维"概念的提出者。所谓横向思维就是一种非序列的、跳出思维定式的思维模式，例如所罗门王试图将婴儿切成两半来解决争端这个例子，就能说明何谓横向思维。德·波诺批评那种按照线性论证方式进行的逻辑分析。他是对思维教学进行实用主义工具化教学的倡导者，认为思维教学应按照横向思维工具的四个范畴进行：观念生成、聚焦工具、收获工具和处理工具，从而使观念适应真实的世界建构。他的代表性著作《六项思考帽：商业管理的根本路径》（*Six Thinking Hats: An Essential Approach to Business Management*，1985，London，Little Brown Company）使用六种不同颜色的帽子来表示思考问题时所需要激活的不同心智活动及技巧。蓝色思考帽（考虑所有事实或为优先事项设置整体图景）、白色思考帽（寻找信息）、红色思考帽（直觉和情感）、黑色思考帽（通过批判性思维考虑和确定消极层面，即从反面看问题）、黄色思考帽（通过评价 PMI 即加、减、兴趣来考虑问题的积极层面）、绿色思考帽（考虑新观念）。以李普曼的框架来讲，德·波诺的商业模式是无法推广的，它缺乏科学的有效性以及对创造性批判思维之真实本质的充分理解，更像万花筒，让人眼花缭乱，恰如李普曼在会议上向研究者传达的那样。李普曼的批评也得到了斯滕伯格的响应，后者认为德·波诺的流行概念损害了"对创造性的科学研究"，缺乏任何严肃的心理学理论支持或验证，就像其他实用主义商业模式如"头脑风暴"（Osborn）和"综摄法"（Gordon）一样，Sternberg（2003，pp.82—89）。

李普曼：如果你指的是横向思维、创造性推理或创造性过程，当然，它在儿童哲学中占有非常显著的地位，就如我之前提到的那样。

儿童已准备好思考

参与者：听了这样的讨论，我已经意识到教儿童思考是多么困难。

李普曼：教儿童并非一项困难的工作。我认为人们已经在这些思考能力培训项目中倾倒了太多"垃圾"。但其实这项工作并不困难，因为儿童已经准备好了。

他们都已经准备好思考了。事实上，在大部分的时间里他们已经领先于我们，在进行思考了。所以让他们进行思考并不是一个问题。

特殊教育的例子

参与者：我初次接触您所做的工作是在资优教育领域。我最早在这个领域看到儿童哲学项目，因而我总是假设哲学是属于资优教育范畴的。但是现在我意识到它并不仅仅属于那里。您可以讲讲儿童哲学项目是如何适用于可训练的弱智儿童、普通儿童和资优儿童的吗？在面对这些不同的儿童群体时，您是如何进行区别化实施的？

李普曼：我不会认为在将儿童哲学项目应用到不同的群体时，有任何内在的界限或限制。针对资优儿童，我们已经掌握了许多教学的技巧；儿童哲学项目主要是以拓展性课程的姿态出现。当然，很多学校并没有哲学课程，即使儿童已经掌握了许多相关能力，他们仍然可以探索这些观念或思想。

我不会说他们掌握了全部能力，人们已经指出了资优儿童在面对开放性学习法时所表现出的焦虑和紧张。

趋同和开放性方法

许多人会喜欢那种有正确答案的方法和趋同性的方法。这样的方法已经深入数学和科学课程之中，而数学和科学问题是提供直接答案的。因此，某些开放性的问题会让部分学生感到紧张。这是一项他们需要发展的能力。他们完全可以通过我们的项目来发展这种能力。

李普曼和儿童
(Lipman and kids)

思维与感知觉受损儿童

李普曼：另一方面，如果你接触到感知觉受损的群体，你会发现没有任何理由说儿童哲学不能发挥在其他儿童群体中的同样价值，或许它能发挥的价值更大。如果这些儿童是随班就读的，那么他们的经验模式及其他模式都是正常的儿童可以学习的。所以儿童之间可以相互交流彼此的意识模式、意识的心理模式和感知觉模式，这对于双方来说都是一种丰富经验的方式。

比如我们以《冬冬与南南》①为例，这本书我之前就提到过，其中有一名失明的女童与一名视力正常的男童展开了一系列有意义的对话。

---

① 李普曼（Lipman Matthew），《冬冬与南南》（*Kio & Gus*，New Jersey，IAPC）。这本小说聚焦于关于自然的推理，讲述了一个农场中的两个小孩，即冬冬与南南的故事，冬冬帮助盲孩南南更好地了解这个世界。此书适合五年级学生阅读。

由内而外

我举其中的一段作为例子。两个孩子（冬冬与南南）在一起玩泥巴。失明的女童说："这里有一些泥巴，做一个桃子吧。"

男童就拿起一点泥巴，并把它搓成一个球，然后说道："那是一个桃子。"女童说："那不是做桃子的方法，我来教你怎么做桃子。"

她就拿起一点泥巴并做出了一个小东西，然后说道："这个小东西，你会叫它石头还是矿呢？"

然后她拿起更多的泥巴堆在上面，说道："那是肉。"

然后她在周围放了更多的泥巴，说道："这是皮肤。"她以由内而外的方式制作。男童说："我只看到了皮肤。"

女童说："是的，因为你只是从外面看它，我是从里面把它做出来的。"

为特殊儿童提供丰富的经验

当这个女童在做头部的时候（这是一个盲童制作雕塑的方式），她首先从喉咙开始，在喉咙里戳一个洞，并把舌头放进喉咙里。然后装上牙齿、鼻子和眼睛，等内部的结构都制作好之后，再把整个头做好。

所以这就是视力健全的儿童可以从中学习到的重要经验。以身体的、非视觉的方式进行的体验会是怎样的呢？

这便是一个可以丰富经验的方式。

因此我所说的这类方式对于感知觉受损的儿童以及感知觉没有受损的儿童来说都是有益处的。

第九章

思维能力的范围与结果

安·玛格丽特·夏普
(Ann-Margaret Sharp)

从不同年级开始

参与者：您是从不同年级开始的吗？

李普曼：我想这仅仅是一个推进速度的问题，看一个学校吸纳此课程的速度。

所教能力的数量

参与者：关于思维能力总有一些大的问题。ASCD[①] 的文献中有太多种思维能力。在您开发的材料中，肯定也涉及某些思维能力。思维能力的数量似乎可以从四种一直扩充到一百四十种。

我想问的是，你是如何应对这么海量的思维能力并确立起核心要

---

① ASCD，即监督和课程开发协会，有来自 129 个国家和 64 个附属机构的 125 000（2022 年数据，2020 年数据为 113 573）名会员，包括学监、校长、教师和其他拥护者。其使命是赋权教育者在教学上取得卓越成就，以影响全世界的决策者。它出版了一本有影响力的期刊《教育领导力》（*Educational Leadership*），旨在关注卓越的研究与实践。

素的？这些海量的思维能力与您构建起的概念框架有何关联？或许安可以帮忙回答一下。

安·玛格丽特·夏普： 不，我无法回答这个问题。

李普曼： 我在想我们的那个目录。在那个具体的目录中有大约35种能力。我确信如果您走进一个教室并注意倾听，您可以毫不费力地增加70种技能。我不知道从长远来看，这对我们有什么影响。

节奏与旋律

这让我重新回想起刚才关于资优儿童和感知觉受损儿童的问题，资优儿童倾向于快速思维、浅层思维。换句话说，他们认为自己知道的事情就是那样的。

当你再看看那些思维相对较慢以及感知觉受损的小孩，不仅仅是我会觉得他们拥有截然不同的体验模式。更多的时候，他们可以引发讨论，分享其他儿童可能根本不会考虑的一些事情。

如何处理异质分组

所以这并不等于说和资优儿童在一起时你就会思维敏捷，而和思维缓慢一点的儿童相处，你就会思考得更慢一些。我认为在某种程度上你也必须让资优儿童慢一点，这样他们才能注意到更多丰富的东西。

我想在做哲学的过程中，这是一个针对异质分组而非同质分组的论辩。现在我并不确定那是否可以应用于数学或科学课程。但是在做哲学时，小组内部更加异质，更加多元，体验也会更加丰富。

基于教育目标对能力进行优先级排序

我们很容易增加能力的数量。我的清单里有几百条这样的能力。

但是它没有太多意义。

它们可归属于不同的范畴。但是对于达成教育目标而言，某些能力可能更加重要。对于这一点我们似乎并不总能理解到位。

教恰好需要的能力与文化

我之前就提到来自不同领域（比如数学和英语）的人会如何教他们所谓的思维能力。问题并不是他们是否有在教思维能力，而是他们所教的能力是否恰好需要。

我曾经聆听了赫希（E.D.Hirsh）[①]的报告，安与我都和他持同样的立场，认为我们所缺的并非真正的读写能力，而是文化素养。

这并不是说我们在教不合适的能力。我们仍是在教必需的技巧，

---

① 艾瑞克·唐纳德·赫希（Eric Donald Hirsch）是一位美国教育家和文学批评家。他是美国弗吉尼亚大学教育和人文学院的退休教授，因其在文化素养方面的研究而闻名，是"核心知识基金会"的创立者和主席，该基金会旨在促进教育领域产生更多的事实性内容，以便使公民理解和参与既有文化的符号、语言、故事和习语之中。他认为这是每个公民都需要知道的，也是阅读和写作所不可缺少的，与习得的技能不同。对于一个美国公民来说，这包括 5 000 个基本的名字、短语、日期和概念。如赫希所解释的，一个人的文化素养"是储存在其大脑中的背景信息，使个体在拿起报纸进行阅读时拥有足够的理解能力来了解观点、掌握影响、关联所读内容与隐藏情境，以揭示所读材料的意义"。E. D. Hirsch Jr（1987），*Cultural Literacy*：*What Every American Needs to Know*. Boston：Houghton Mifflin. p.2. https://www.coreknowledge.org/about-us/e-d-hirsch-jr/. 在其新书 *How to Educate a Citizen*：*The Power of Shared Knowledge to Unify a Nation*（September 2020）及其《文化素养》中，赫希继续展开对话并呼吁美国公立学校，特别是在学前到八年级这个阶段，实施智慧和有效的教育，"如果对年轻人实施的教育是智慧而有效的，那么它将是一个和平而幸福的安排，而且直至今天依然是国际性的、和平的。为使学校取得如此有意义的结果，成人有义务传承语言和习俗，如此儿童才能从其历史智慧中获益"。https://www.coreknowledge.org/product/how-to-educate-acitizen/ 李普曼对赫希的文化素养观持不同意见，认为其于思维而言是无意义的，他更加认同德国的教化（Bildung）传统，后者将哲学视为一种实践智慧，将教育视为修身以及过上美好、幸福的生活，而不仅仅是获得知识和形式化的技能。奥林匹奥（Laura D'Olympio）和特舍尔（Christoph Teschers）也解释道："儿童哲学也秉持如教化（Bildung）一样的价值观，注重自我反思和实践智慧（phronesis），强调批判、创造和关怀思维能力的培养。儿童哲学是一种生活的艺术，一条实现生活教育的整体化路径。"

但是我们并没有在教所需的文化素养。而这就是我们行进的正确方向。

换句话说，我们并没有教那些能促进思考的能力。我们所教的能力相对来说在促进思考、阅读和写作等方面的作用甚微，甚至无效。

我们必须教那些能产生意义的能力

让我举一个例子来说明。如果你在老师归还给你的学期论文或短论文上看到红色标记，此红色标记可能指示的是你文章中的拼写、标点符号、语法等有问题。

但拼写不属于推理的一种形式，它不是一个推理问题，而仅仅是一个信息类问题，词汇也一样。而句法在很大程度上也是如此。

在另一个方面，做出推论则是一个推理问题，并且对整个短文、演讲或论文的质量而言都极为重要。但这并不是由教而得来的。

教育者教我们的乃是形式化的能力，而这些能力并不直接产生意义。只有推理能力才能产生意义。

第十章

教恰好需要的能力

李普曼（Lipman）

作出推断

李普曼：当你阅读文本时，你会推测其意义，把它揭示出来。当你听讲座时，你也会推测其意义，并借由推理能力而将其揭示出来。

当你发表演讲时，你必须将意义渗透其中以便让听众揭示出来。当你在写一篇文章的时候，你也必须将意义渗透其中。而这些都需要掌握相关的能力。

推理是思想的"肌肉系统"

让我来做一个类比。你可以根据血管、皮肤、脂肪层、骨骼等方面信息，分析人体手臂的生理机能。

所有这些我所提到的事物，尽管都是手臂生理机能的重要组成部分，但是它们本身并不产生任何运动。只有肌肉才会产生运动。而推理则是思想的"肌肉系统"。

只有通过产生思维运动的推理，你才能从前提得出有效结论，从信念形成潜在的假设，等等。

所以如果我们不教推理的话，就如同身体没有肌肉，就好像瘫痪了一样。

教不合适的能力

但是人们仍然认为他们在教育中做的是正确的事情，他们在教正确的能力。

这就像一个看起来在动实际上却不能移动的身体，看起来能工作实际上无法真正运转的心智，因为我们传授的是不合适的能力。

运用能力需要有判断力

但是不要认为我的意思是指：正是由于我们所教的是不合适的能力，所以我们可以直接以结构化的方式教孩子。换句话说，如果你想要通过提供一个关于推论的课程来直接弥补这个缺失，其结果可能不会奏效。

因为除非关于推理的课程是在一个人文学科的情境下（我的意思是指哲学）来教授的，否则你可能无法获得你所想要的结果。

为什么呢？因为你恰恰缺乏运用这些能力所需要的判断力。否则这些能力仅仅是机械的。

思维工具的合理使用

这就像工具的使用那样。工具可以帮助你。你无法用手来直接锯木板，你需要一个锯子。但是，如何使用这个锯子取决于你的判断与能力。你需要用锯子去锯木板，而不是你自己的腿。别依靠锯子去避免你的腿受伤。

价值与方向感

所以你若要合理地使用这些能力，就需要人文学科带给你某种价值观、某种方向感、某种均衡感。

同时，若我们只是孤立地教这些能力，儿童也将一无所获。所以，一个只教推理而没有其他内容的纯逻辑课程是无用的。

第十一章
探究本位和问题解决的路径

费尔斯坦（Feuerstein）

儿童哲学和其他趋势的相似点

参与者：目前已有的并且也写入教材中的课程（如数学）基本上都在引入问题解决技巧。历史学科里的材料引入了六种教师应建构其课程的思维能力。语文和资优课程也同样引入了探究能力和问题解决能力，但是除此以外就没有了。

如今这就是现实，我认为教师培训者和一线教师普遍对具体的技巧、等级结构和分类系统感兴趣，因为这些都比较容易上手。那么您的课程是如何与当下的现实相适应的呢？

李普曼：教育界有许多改革运动正在进行中，类型各不相同。比如我不会将德·波诺放在费尔斯坦①的阵营中，也不会将费尔斯坦放

---

① 鲁文·费尔斯坦（Reuven Feuerstein，1921—2014）是一位以色列临床、发展和认知心理学家，认为智力不是"固定的"，可通过中介学习经验而改变的；他创立了"费氏工具性强化系统"，在全世界范围内得到广泛应用，为补偿和特殊教育干预提供反思性策略并发展问题解决的思维能力。同维果茨基和李普曼一样，费尔斯坦也意识到由另一个人推动的中介学习是不可缺少的，因为中介人（教师或同辈）可以帮助儿童发展必备条件，（转下页）

在朗弗里（Longfree）学会的阵营中，等等。

这些运动有各种不同的路径，有些是非常有效的、令人印象深刻的，而另一些则并非如此。

但是首先让我们看看中学社会学科里所采取的、可视为某种思维发展路径的教学法，如何？

教学过程中，教师没有使用传统美国教科书那样从美国的角度对"邦克山事件"① 进行描述（如由英国殖民当局先开枪等），而是吸收了英国教科书中对于事件的新描述（英国对美国独立战争开端的描述与美国不同）。此后学生才看到了关于美国独立战争的不同观点，即来自英国和美国双方的视角。我认为这就引发了学生的思考。

错误的非定论性探究

学生确实开始思考此事件，并开始进行争辩。但是如果争辩只是停留在此处（这就是我的个人经验，大多数课程到此就结束了）：

"他们就是一堆骗子，他们都是一群说谎者。每一件事情都是相对的，都是与意识形态有关的；没有任何解决问题的办法，没有任何客观性可言，仅仅是一堆互相冲突的主张而已。"

所以此刻他们改变了那种单一的、权威的立场，而代之以多元的、非定论性的相对立场。

（接上页）弥补基本思维能力上的不足，促成更有效的直接学习。"费氏工具性强化系统"为学习者提供必需的概念、技能、策略、操作方法和技巧，帮助他们成为独立的学习者。其目的是提升学习者的学习动机和元认知能力。参阅 Feuerstein，R. Rand，Y.，Hoffman，M.B.，& Miller，R.（1980；2004），*Instrumental Enrichment: An Intervention Program for Cognitive Modifiability*. Baltimore，MD. University Park Press。 IE 项目培训可帮助 3—8 岁儿童学会如何学习。http://www.feuersteintraining.co.uk/fie.htm.

① 邦克山（Bunker Hill）是美国独立战争时期第一次著名战役的发生地。该战役发生于 1775 年 6 月 17 日，对发生于马萨诸塞州查尔斯城（现属于波士顿）的美国独立战争有至关重要的意义。

邀请儿童参与探究活动

我认为没有任何其他方案可以代替邀请儿童参与开放性结局的探究过程，以及使儿童意识到他们置身于探究共同体之中。

在这个探究过程之中，儿童寻找假设、形成假设、验证假设，并给予证据而得出客观的解决方案。我的意思是你必须从儿童立场出发将他们发展成探究者，并帮助他们维持探究者的身份，因为我认为儿童有天生的探究取向或本能。儿童天生就是充满好奇和探究精神的，但是我们总是会扼杀这种天性。

一个自我评估的探究过程

参与者：许多课程都会提供一步一步的程序。通过这次会议，我了解到你们关于思维的方式是评估某人在做什么的方式。这似乎是一套评价的程序："我做的是否有效呢？"我认为这不是一套关于教育部正在逐步实施的程序，而是一套评估所有做法的程序。

李普曼：我觉得探究是一个自我导向也是自我评估的过程。这就是我在讲我们坚持使用"探究"这个词时所指的意思。

参与者：我对探究的界定与教育部所指的探究模式并不相同。

李普曼：我所汲取的是查尔斯·皮尔斯的概念界定。①他们吸收的是谁的观点呢？

---

① 查尔斯·桑德斯·皮尔斯（Charles Sanders Peirce，1839—1914）是美国实用主义哲学的创始人（1905 年以后被称为"皮尔斯实用主义"，以区别于詹姆士（William James）和杜威的实用主义观点）。李普曼参考了其以"科学方法"寻求真理的探究过程，包含假设、演绎、归纳三个步骤。其科学方法的程序为：（1）以假设形成开端，解释一些令人困惑的现象，进行推测；（2）进入演绎阶段，通过必要的参考，从所采纳的假设中推出结论；（3）最后进入归纳阶段，通过推出的结果或后果来检验之前的假设。如果推出的结果有效，那就回到演绎阶段去得出更多结论，而后再进行检验；如果推出的结果无效，则回到假设阶段来构建一个新的假设。（转下页）

《聪聪的发现》中的探究过程

贾诺塔基斯：或许我们可以看一下《聪聪的发现》①第一章中的探究步骤，并与教育部的探究模式进行比较。

参与者：我已经读过《聪聪的发现》了。

贾诺塔基斯：我了解到现在为止每个人可能都读过《聪聪的发现》并且也已经内化了其中的整套探究程序。我刚才说的意思是我们可以从《聪聪的发现》这本书的指导手册《哲学探究》（*Philosophical Inquiry*）中找到探究过程的几个步骤。

大声朗读其中第一章的目的就是要看看儿童是否能够重构整个过程，这也是内化并将之应用于解决问题的重要方式。

列奥纳德·波普②的探究模型

贾诺塔基斯：在这个探究过程或对话形式中，我们一般可以发现六到七个基本步骤。这些步骤与列奥纳德·波普博士的模式以及其他探

（接上页）参阅 Burch，Robert，"Charles Sanders Peirce"，*The Stanford Encyclopedia of Philosophy*（Spring 2021）Edition），Edward N. Zalta（ed.），https://plato.stanford.edu/archives/spr2021/entries/peirce。李普曼在稍后的采访中阐明探究并不仅限于科学探究。"所有富有想象力和创造性的思维（因此所有艺术）都是探究，所有对伦理和价值问题的探究都是探究。"当亚里士多德断言所有审议都是探究时，他正朝着这个方向前进。

① 李普曼（1974）*Harry Stottlemeir's Discovery*：Montclair IAPC。在这本写成于 1969 年并面向五至七年级学生的小说中，有一天聪聪（Harry）发现自己在科学课上给出了一个错误答案。他的反思和探究促使其同学开始集体思考并发现逻辑规则（形式和非形式），以及给出具体的例子如"所有黄瓜都是蔬菜"，但"不是所有蔬菜都是黄瓜"，这帮助他们更好地理解了何谓好的推理，也帮助他们更好地理解自我与世界。Harry 这个名字是亚里士多德这个名字英文的谐音，即 Harry Stottle。

② 列奥纳德·波普（Leonard Popp，1927—2008）是加拿大布鲁克大学教育学教授，安大略省教育部信息技术和计算机素养评价顾问。其著作包括：Leonard Popp（1978），*Basic Thinking Skills Informational Organizers*，St-Catherines，College of Education Brock University. Leonard Popp（1983），*Representations*，*An Instructional Sequencer*，St. Catherines，College of Education Brock University.

究模式所强调的步骤非常接近，它们依次是：

（1）建立问题；

（2）确认挑战或困难；

（3）定义其特征；

（4）形成假设以探索可能的解决方案；

（5）评估解决方案；

（6）将信息应用到某个具体情境；

（7）最后从中获得启示。

约翰·布兰思福特① 的 IDEAL 问题解决模型

贾诺塔基斯：最近我看到了一则约翰·布兰思福特关于哲学和思维技能教学的视频。布兰思福特呈现了一个 IDEAL 的问题解决探究模型。他展示了《聪聪的发现》第一章中儿童是如何按照这个模型的基本步骤进行探究的，并进行了具体解释和应用。所以，我认为在哲学探究课程中存在那样的具体步骤。但重要的是在《聪聪的发现》中，这些步骤并不是以分类系统的方式呈现的，而是在对话情境和探究共同体中灵活实施的。

---

① 约翰·布兰思福特（John D. Bransford）教授是国际知名的认知和技术专家，自 2003 年以来就职于美国西雅图市的华盛顿大学（University of Washington）教育学院。此前他在范德比尔特大学（Vanderbilt University）担任心理学和教育学院教授及学习技术中心主任。其在 20 世纪七八十年代的早期研究领域包括人类学习、记忆和解决问题，他推动掀起了心理学的"认知革命"。他在思维能力方面的作品包括：N.J. Vye and J.D. Bransford（1981），Programs for Teaching，in *Educational Leadership*，39，1；J.D. Bransford and B.S Stein（1984），*The IDEAL Problem Solvers*，New York Freeman；John Bransford（1985），"Philosophy and the Teaching of Thinking Skills"，lecture delivered at the conference *The Student as Thinker*，Lehigh University，October 19，1985；J.D. Bransford，R. Arbitman-Smith，R.，B.S. Stein，N.J. Vye.（1985），Three Approaches to Improving Thinking and Learning Skills，In R. Segal，S. Chipman，& R. Glaser（Eds.），*Thinking and Learning Skills*：*Relating Instruction to Basic Research*（Vol.1，pp.133—206），Hillsdale，NJ：Erlbaum.

第十二章

教育中的反省范式

罗伯特·恩尼斯（Robert Ennis）

一个复杂的过程

李普曼： 在我们试图引进的新教育中，并不存在某种简单的范式。让我们看看儿童哲学课程。你可以看到其中包含了一个非常复杂的过程，这个过程含有许多不同的前进方向，但只有极少的原则可以解释你在做什么并向你解释你所做的。

换句话说，对于所参与的探究活动，材料本身并没有给出太多的解释。它需要你来做出解释，你得通过自我反思理解你在做什么，以及你为什么要这么做。

同时也没有任何办法来将之简化并形成放之四海而皆准的"配方"。

确立能力列表

安·夏普： 你还记得吗，马修，在多年以前的一段视频录像……我们播放了这段录像，展示了一群儿童在讨论儿童哲学课程中的一个章节。

那个时候，你认为如果我们能慢放那段视频录像，我们就可以捕捉儿童的配音，从而确定他们参与讨论而必须具备的各式各样的思考能力。但是我们做不到。

换句话说，这个过程是如此复杂，有如此多的步骤和儿童可以操作的"步法"，以至于我们无法慢下来去捕捉儿童的配音。或者即便我们能够捕获这些声音，也可能会比实际对话的时间更长。

贾诺塔基斯：不过你可以使用一些闪回的技巧……

安·夏普：乔治，我可以再补充一点吗？我记得几年前在亚特兰大，有一个瞬间我们想要让教师做好思维教学的准备。我们可以做的是帮助教师确立思维能力列表。就是这样。

这会是一个鉴别和确认的过程，如此你才能在某场特殊的考试或特殊的分测验中看到一些能力，并确认这些能力，最终形成能力列表。

引入反思性问题

李普曼：这一点并不全对，安。如果这是对的话，那事情就不会全部是糟糕的了。在美国南部数州，关于教师资格的考试已经发生了重大变化。他们开始将反思性问题引入教师资格考试之中，这些问题是反思性而不是内容回忆性的。

教师说他们不知道如何回答这些反思性问题，没有人教过他们如何回答。对此我们可以做什么呢？

ETS 无力理解教育过程

ETS（教育测验服务中心）①会说："好吧，这十分简单。写出一

---

① ETS（Education Testing System）是由美国教育委员会在 1947 年时成立的，作为一个独立的非营利性组织，致力于进行公平的、可信赖的和有效的评价。其总部建立在（转下页）

些问题，所有南部各州的教师都可以写出一些问题，然后发给我们，我们会告诉他们这些问题是反思性的还是非反思性的。通过这种方法他们就会知道什么是反思性的问题。"

换句话说，如何让教师准备好教学，如何识别思维能力和教思维能力，以及确定什么是反思性问题等，在他们看来都不是问题。

但我认为这是一个巨大的借口或敷衍。它只能显示出美国教育测验服务中心没有能力理解何谓教育的过程。

对话和反思的艺术

贾诺塔基斯：我认为《教室里的哲学》这本书即强调了这种反思性提问的艺术，并且指出这种艺术经由师徒制和基于生活经验而获得。

我们已经在此次会议期间通过主题探索和对不同话题的反思做到了这一点。我很高兴我们的反思已经引发了对话和辩证的过程。

《教育领导》（1985 年 5 月）刊登了一篇关于批判性思维的文章，作者罗伯特·恩尼斯 [①] 指出，本杰明·布鲁姆的分类系统并不具体，

（接上页）新泽西的普林斯顿。其中一位高级研究员就是弗吉尼亚·希普曼（Virginia Shipman），其曾与李普曼合作并设计了"新泽西推理能力测验"（NJTRS）。

[①] 罗伯特·恩尼斯（Robert Ennis）是一位美国哲学家和批判性思维的领衔专家，目前是美国伊利诺伊大学教授和"非形式逻辑和批判性思维协会"理事会成员。在 1970—1994 年期间，他是教育哲学教授，伊利诺伊批判性思维项目的主持人。其在 20 世纪 80 年代关于批判性思维的知名作品包括：Ennis，R. H.（1985），*A Logical Basis for Measuring Critical Thinking Skills. Educational Leadership*，43（2），44—48；Ennis，R. H.，*Critical Thinking and the Curriculum*，*National Forum*，65（28—31）；Ennis，R. H.（1985），Goals for a Critical Thinking Curriculum，in A.L. Costa（Ed.），*Developing Minds*：*A Resource Book for Teaching Thinking*（pp.54—57），Washington D.C. Association for supervision and Curriculum development；Robert Ennis and Eric Weir（1985），*The Ennis-Weir Critical Thinking Essay Test*（1985），Critical Thinking Press and Software；Robert H. Ennis，William L. Gardiner，Richard Morrow，Dieter Paulus，and Lucille Ringel，*Cornell Class Reasoning Test*（1964），Illinois Critical Thinking Project.http://faculty.ed.uiuc.edu/rhenn is/infocornelldedtests.htm。

至少在关于批判性思维究竟包括什么这个方面，布鲁姆没有给出多少有用的信息。

　　同时在课程体验的情境之中，批判性思维又是如何运作的呢？特别是如何能发展儿童关于对话和反思的倾向与态度呢？布鲁姆的分类系统对此也未做说明。

第十三章
跨课程的思维教学

乔治·贾诺塔基斯
(George Ghanotakis)

参与者：我刚才在思考是否有必要对什么是思维下一个简要的定义。

贾诺塔基斯：在会议前的活动中，你已经提到这就是我们过去所做的。我们试图界定什么是好的思考者。或许李普曼博士可以做一些点评。

思维即"填补空白"

李普曼：我不了解任何关于思维的令人满意的定义。比如巴特莱特① 将思维界定为"填补空白"。你可以从一个心理学家或科学家的角

---

① 弗莱德瑞克·巴特莱特（Frederic C. Bartlett，1886—1969）是一位英国心理学家，认知心理学的先驱之一。他是剑桥大学实验心理学的第一位教授，因对记忆的研究而闻名（对经验的编码、存储和提取）。在 1958 年出版的《思维：一个实验和社会研究》（*Thinking：An Experimental and Social Study*，Allen and Unwin，1958）一书中，他指出思维是一项能力，发挥着"填补证据之间空白"的作用（p.20）。他区分了三种不同类型的空白填补过程。第一个填补空白的方式是插补或插入，第二个填补空白的方式是外推，第三个填补空白的方式则是解释者的特别观点（p.22）。

度来理解这一点，他们常常与各种搜集到的实验证据打交道。你必须超越这些已知的证据，填补空白，而这需要进行思考。

推测性、分析性与创造性

所以从某个角度来看，比如从巴特莱特所代表的视角出发，他的书就是一本好书。这的确是一本重要的书，但是它没有谈到思维的创造性、推测性、分析性和其他层面的特点。①

所以要找到一个定义能够包含思维的所有层面是非常困难的。

我早前说过我认为思维是一个经验的处理过程，但是它也无法解决这个难题。

并不一定从定义开始

其中一个我经常遇到的问题是：总的来说，在哲学讨论中，你不是从定义开始的。

或许你会试图在过程中生成定义，但你不是以定义来开启讨论，因为还没有任何参与者达成的共识可作为基础。

所以，我觉得定义思维的尝试可能是永无止境的，我们或许最好还是从此任务中解脱出来，做好我们手头的工作。

---

① 埃克哈特·马滕斯（Ekkhart Martens）是德国的一位儿童哲学实践者，开发了一个"五指模式"（Five Finger Model）以激活依循苏格拉底和哲学史的不同思维模式。此模式旨在进行包含逻辑和猜测的反思性操作，学生可以最基本的方式习得这些操作，并按步骤进行实践，从而"有能力进行准确描述（现象学的 phenomenological）、理解自我和他人（解释学的 hermeneufical）、以概念和论证的方式澄清事物是如何被理解的（分析性的 analytical）、询问和表达不同意见（辩证的 dialectical）、幻想事物是如何被认识的（猜想性的 speculative）"。参阅下列文献：Eva Marsal（2014），"Socratic Philosophizing with the Five Finger Model: The Theoretical Approach of Ekkhard Martens"，*Analytic Teaching and Philosophical Practice*，Volume 35，Issue 1（2014）：39—49；Ekkhart Martens（2010），*Methodik des Ethikund Philosophieunterrichts：Philosophieren als Elementare Kulturtechnik*.（5th ed.）Hannover：Siebert.

只谈技巧的浅薄

参与者：我觉得教育部相信存在一些情境化的技巧，又名思维能力，它正是教师所要教的内容。对我来说，无论是在认识论层面上还是在政治层面上，都是非常困难的。于我而言，从合法活动、做哲学过程中产生问题，并不是一种情境化的技能。

但是巴特莱特的定义有助于我们从认识论的角度解释那些只谈技能之人的肤浅。问题并不仅仅是传授技能。或许其他人在寻找出路以便有效反击将情境化技能打包处理时，也有相似的体验。

李普曼：这些人试图寻找一个廉价的修补方案。他们担心传统教育并不包含思考的部分。所以，他们发现，既然思维总是关于某个学科的，那么就可以把思考的部分分离出来，纳入每一个学科中，使之建立起与每个学科的关联性，帮助解决所在学科的问题。这没什么大不了的！

事实上，我们昨天就从佩尼先生那里听到了这一点。你们也从约翰·麦克派克（John McPeck）① 以及已经在这个学科里的其他研究者

---

① 约翰·E.麦克派克（John E. McPeck）是一位加拿大教育家和哲学家，他对 20 世纪 80 年代和 90 年代早期由李普曼、恩尼斯、西格尔和保罗等提出的关于批判性思维的主要观点进行了批判。他认为"批判性思维"这个概念"容易成为一个模糊的、未经审视的口号"。他也检视了不同测验的局限性，认为没有所谓普遍性的、可迁移的一套技能可被称为批判性思维。在他的眼中，思维总是依据学科而有别的，在概念上与认识论有联系。他将思维活动与其对象等同起来，而哈维·西格尔（Harvey Siegel）对此有非常不同的看法。参阅 Harvey Siegel，"McPeck，Informal Logic，and the Nature of Critical Thinking，" in *Philosophy of Education* 41—*Proceedings in New Orleans*，Louisiana April 12—15, 1985，ed. David Nyberg（Normal，111：Philosophy of Education Society Illinois State University，1986）。其作品包括：J. McPeck，（1981），*Critical Thinking and Education*（Oxford：Martin Robertson，）；J. McPeck（1981），"Critical Thinking without Logic：Restoring Dignity to Information"（*Proceedings of the Philosophy of Education Society*，Vol. 37［1981］，pp.219—227）；J. McPeck（1984），"Stalking Beasts but Swatting Flies：the Teaching of Critical Thinking"，*The Canadian Journal of Education*，January 1984。　　　（转下页）

那里听到了这一点。他们不想看到来自海外的其他教育者的加入。所以，当然，如果有关于思维的部分，那就让它成为学科里的思维、跨学科的思维等。

将思维教学视为一种附加

但问题并不如此简单。

首先，你们会遇到一个实际的问题。学科教师以及那些在初级中学或一般中学的新教师，最近特别反对这样的想法：他们除了要教学科内容以外，还要教他们的学生如何思考。

学生必须准备好进行因果思维

如果你是一个历史老师，你试图教你的学生如何进行因果推理，因为你希望当他们作为学生走进你的课堂时，他们应当准备好对文艺复兴以及诸如此类历史事件进行因果性思考。

但是他们会说，这个时候教学生因果推理可能已经晚了，即便这项技能对于理解历史学科中的教学内容是必需的。

学科内针对思维教学的专业抵制

教师会争辩说自己花了一整年的时间教因果推理，却一直无法延

（接上页）若要了解李普曼在通用和可迁移思维技能方面对麦克派克批评的回应，可参阅 Matthew Lipman, "The Cultivation of Reasoning Through Philosophy", *Educational Leadership*, Sept，1981，pp.55—56. Also T. W. Johnson, "Philosophy for Children and Its Critics—Going beyond the Information Given", in *Educational Theory*，Winter 1987，vol.37，no.1，pp.66；Geoffrey Kiblrige（1992），*Philosophy from Children and McPeck's Critique of the Concept of Generic and Transferable Skills*, MA Thesis. Department of Religion and Philosophy in Education McGill University，Montreal。

伸至文艺复兴这样的历史事件中。他们会说他们知道学生有必要首先有对何谓因果关系的理解。

但是如果他们缺乏这种理解，那就不是教师的问题了。让更低年级的教师来教学生这些技能吧，他们自己则只教学科内容。

所以你们会发现学科内部存在一股针对思维教学、认知能力教学的专业抵制力量。

第十四章
儿童的权利

弗吉尼亚·希普曼
(Virginia Shipman)

李普曼：其次，你们还会面临一个课程问题，即课程开发者不知道如何将这些能力融入各个学科之中。他们此前从未做过这件事，所以他们不知道怎样才能做好这件事。

所以，对我来说，你们会遭遇另一个来自美国心理学家罗伯特·格拉泽 ① 的争论。如果这些能力不能在七年级（即我国的初一年级）时准

---

① 罗伯特·格拉泽（Robert Glaser，1921—2012）是一位美国教育心理学家，对能力、学习和教学之本质的研究做出过非常杰出的贡献。1963 年，格拉泽在匹兹堡大学与他人共同创立了学习研究发展中心（LRDC, Learning Research and Development Center）并担任负责人至 1997 年。这是全球第一个聚焦于学习研究的中心，其使命是深入研究学习、教学和学校教育，进而改善教育实践。他塑造了学生的测验科学，促使某种标准化测验成为联邦政府评估教育进步即学年成绩单（The Nation's Report Card）的标准。他拥护"标准参考测验"(the criterion-referenced testing)的方法，不仅测量学生所知的学习内容以及他们在学习上的具体表现，还对学生前后表现的结果进行比较（而 IQ 测验则是将学生智力与其他人相比较），由此获得关于学生成就的基本印象。儿童哲学中的"新泽西儿童推理测验"也被视为一种标准参考测验。
· Robert Glaser（1983），*Cognitive and Motivational Aspects of Instruction*，*Selected International Congress Papers*，Amsterdam，Elsevier.

备就绪，那么在此后的年级里他们也将难有机会发展这些能力。

这是为什么呢？因为你们必须从云端上爬下来思考：

（1）青少年处于情感的骚动期，这种骚动会扰乱他们的思绪；

（2）知识点丰富的领域如地理学和几何学等，会像数吨的砖头一样砸在青少年的头上（使他们无法应付）！

应从幼儿园开始

因此就这一点而言，要使学生在学校教育期间掌握这些认知技能，他们就应当在家庭环境中，甚至是在读幼儿园之前，就知道这些技能。

所以，消除此认知缺陷的方法是最好从幼儿园阶段开始，然后是一年级、二年级等进行思维教学，那样等学生进入中学和大学的时候，就不会出现同样的缺陷了。

测验2万名学生

我们已经测验了2万人，发现认知技能的发展会在五六年级的时候进入稳定期，并保持同样的水平直至大学一年级。

他们之所以没有任何改善，可能是因为没有人对此做过任何努力，抑或他们自己也对此无能为力，一旦跨过七年级（即初一年级），一切似乎都被固定了。

所以，如果要使问题迎刃而解，最好还是提前行动。

哲学是唯一可使学生准备好思考的学科

但是，为了在早期进行思维教学，需要一个特定的学科使儿童有能力在其中进行思考。我们不能在没有任何学科支持的情况下从事思维教学。

所以，我们需要一个学科，而哲学就是唯一可以承担这种责任的学科。

但由于哲学从未出现在课程表中，人们可能会说不应当将其纳入课程体系之中，而这恰恰是一个极为保守的观点。

对此保守观点的评价

你们知道迈克尔·欧克肖特①提出没有人有权利做任何事。权利是由传统建立起来的。他认为，女性之所以没有权利，乃是因为她们过去一直都没有权利，因此她们没有权利声称自己有权利。她们从来就没有任何权利。儿童也没有任何权利，因为他们过去也从来没有过。许多教育者也遵循同样的推理模式，以此来为维持现状找借口。

哲学没有任何权利，因为它从未出现在课程表中，所以它也就没有权利出现在其中。这便是一种极为保守的观点：所有事情都不能有任何改变，因为只有"现实中本来是怎样的"事物才是正当的。

能力传授方式

参与者：我想要澄清一点。您提到思维能力处于特定学科内容的情境之中，比如历史学学科。但是我们将其视为一个组成部分，能力的组成部分，而您刚才也提到，事实上教师关注的是如何使用这些能力以及如何鼓励学生以某种方式使用这些能力。这便与能力的传授方式有关。

---

① 迈克尔·约瑟夫·欧克肖特（Michael Joseph Oakeshott，1901—1990）是一位英国哲学家和保守派政治理论家，致力于研究历史哲学、宗教哲学、美学、教育哲学和法哲学。其主要作品包括：*On Human Conduct*（1975），Oxford：Oxford University Press；*On History and Other Essays*（1983），Oxford：Basil Blackwell，reprinted with different pagination 1999，Indianapolis：Liberty Fund。

数年前在对我们省进行总体评估（至少是在历史学学科领域）之后，发现至少是在中学阶段，90%的时间里教师是在传授事实性内容。问答是传授知识的第二种方式，而其呈现形态通常是由教师向学生提出问题。所以，我们难有机会在学校里开展有利于发展学生思维能力的讨论。

因此，他们说这种情形必须到此为止。我们需要用别的方法，例如模拟和讨论。所以，他们决定在我们的课程中内嵌这些组成部分。我们将吸纳问题解决、决策制定以及布鲁姆分类系统中的大部分能力，还包括信息搜集等方面的能力。

事实上我们可以在接下来的几年时间里，对课堂活动进行评估，以查看其是否发生了显著变化。

如今，您面对的是一群多数已经四五十岁的老教师，因为他们已经在课堂里，甚至可能是在同一个教室里从事了十五年、二十年，甚至二十五年的教学活动。

怎么改变教师?

那么问题是如何改变这些教师呢？儿童哲学项目可以为他们做什么呢？

他们只要顺利地度过最后几年就可以退休了？他们想要知道儿童哲学项目所建议的是否比他们过去二十年所做的要更好呢？

该领域自身还受许多重要因素的影响。所以，我认为指出某种特殊的理论或方法比其他的更好，可能没什么效果。

评价与问责

相反，我们需要与课程开发者、评价者等建立紧密的合作关系，因为评价是之前所没有讨论过的，而如您这样的技术官员或专家是想要评价和问责的。

不同地方的大型实验

贾诺塔基斯：必须指出的是，关于评价的问题已经由弗吉尼亚·希普曼① 讨论过了。希普曼曾与位于新泽西普林斯顿的美国教育测验服务中心（ETS）合作过，并开展过两次大型实验，一次是在 1976—1978 年期间实施的，有 800 位学生参与；另一次实验则是在 1980—1981 年期间实施的，有 5 000 位学生参与。

两次实验借助一连串的工具来评价推理能力、基本推理能力以及阅读、写作和数学方面的基本能力。

已经有大量文献报告了超过 20 个关于思维教学的实验在不同地方开展，这些实验都为儿童哲学项目提供了强有力的证据支持。

与课程开发者的合作也是非常重要的，这一点在夏普的会议报告中已有阐述，在此报告中，夏普指出《聪聪的发现》课程已经在这类

---

① 弗吉尼亚·希普曼（Virginia Shipman，1928—2016）是新泽西普林斯顿的美国教育测验服务中心（ETS）人类发展评价和研究中心的一位资深心理学家，曾与李普曼合作在 1983 年开发了儿童哲学推理能力测验。希普曼起初在芝加哥大学任教并从事研究工作，作为教育测验服务中心的一位资深研究员，其领导开展了学前开端项目中的一个面向儿童及其家庭的长时段研究。1986 年，希普曼移居阿尔伯克基，受聘为新墨西哥大学教育学院家庭研究系主任，并于 2015 年退休。她对儿童哲学的贡献如下：

· Bridgeman，Brent，Shipman，Virginia C.（1977），*Development of Measures for the Philosophy for Children Program*，ETS Program Report. Princeton.

· Virginia Shipman（1982），*Evaluation of the Philosophy for Children Program in Bethlehem Pennsylvania*，*Thinking*，*and The Journal of Philosophy for Children*，Vol.4，Issue 1，and 1982，pp.37—40.

· Virginia Shipman（1983），*New Jersey Test of Reasoning Skills*（NJTRS）. Institute for the Advancement of Philosophy for Children，New Jersey. NJTRS 包含广泛的逻辑内容，有多道选择题，包括三段论、假设识别、归纳、充足理由、种类与程度等，面向四年级至大学阶段的学生实施。此测验已被证明在语言、写作和数学领域的批判性思维评价方面是有效的，可与恩尼斯、康奈尔批判思维测验和沃尔特·格拉泽测验相媲美。

· Virginia Shipman，Stephanie Shipman（1985），*Cognitive Styles：Some Conceptual，Methodological，and Applied Issues*，*Review of Research in Education*，vol.12，no.1，pp.229—291.

合作的基础上经过了四次修改。

教学生如何下定义

李普曼：儿童需要反思人本主义文学作品和科学等，我们也可按类似方式推进，由此判断儿童哲学将如何实施。

但是，我们还是可以回到一分钟之前所讨论的那个思维定义的问题。

当然，下定义本身就是一项思维能力。所以，你们可以说，我们应该教学生如何下定义。如果他们想要变得会思考，首先还是要学会如何下定义，是不是？

所以你可以将下定义的技能剥离出来，就像对待传统的逻辑文本那样。如今，关于这部分的内容非常诡异，你们会找到六条关于下定义的规则①，是不是？

你们还能发现各种不同的例子。但即使教大学生学会如何获得清晰的定义，也并非一件容易的事情。

我们只是处理问题的做法不同。

---

① 逻辑学家关于好的定义的六条规则是：避免（1）循环推理；（2）模糊、晦涩语言；（3）定义太窄或太宽；（4）伴随情感价值判断；（5）消极词汇（积极定义）；（6）陈述非本质属性。

第十五章
哲学探究的教学法

李普曼（Lipman）

基于儿童日常所用的语言

李普曼：我们不直接讨论下定义，而是使用儿童日常所用的语言来活动。

一个儿童会说一些关于友谊的事情，另一个同班的儿童会说："是的，我有朋友，但什么是朋友呢？"

什么是朋友？

对于儿童来说，这并非一个不同寻常的问题。教师可能会说："那什么是朋友呢？"所以你们在不对问题设标签的情况下拥有了一个下定义的机会。你们会立刻在白板或桌面上写下：这是一个下定义的问题。

通过讨论计划，处理下定义问题

教师会以如下类似方式，在这一点上自由处理讨论计划。他们会对儿童说："谁是你的朋友？"或者"你认为什么是朋友？"而儿童则会回答道："我喜欢的任何人。"

让我们以从儿童那里获得的答案为例来做个说明吧。

"提问"步法的例子

儿童可能会说："任何我喜欢的人都是我的朋友。"

教师接着说："确定所有你喜欢的人都是你的朋友吗？"

儿童可能会再思考一番，或者其他儿童也会加入对话，过一会儿你可能会得到某种反例：

"是不是我所喜欢的人都是我的朋友呢？"不一定。"有一些朋友我并不喜欢。"

关于"所有"和"只有"的提问

教师和儿童讨论了一段时间之后，教师说："现在，让我们来讨论这个问题：只有你喜欢的人才能成为你的朋友吗？"

此时大家或许会对此进行一番讨论，某些反例会使你们将"所有"和"只有"连接起来，看看你们是否从中获得一个好的定义。

若能将"所有"和"只有"连接起来，你们就会获得所需的能力，不仅仅是孤立的能力，而是用以探究和解决问题的一系列互相联系的能力。

知道如何与为何

参与者：哲学如何帮助学生获得本质性知识或用法语来说的知识网络（un réseau de connaissances）呢？

贾诺塔基斯：connaissances 这个词包含了解（connaître）这个词的

丰富内涵。在法语中，还有另一个词与此语词有关，即知道（savoir）。

在法语"savoir-être"或"savoir-faire"中，你们会获得不同类型的知识。不仅仅是那些知道是什么的知识，同时也包括知道为什么或如何做的知识，并且在一个有意义的情境中知道如何行动。我认为我们需要在获取知识的行动中涵盖所有这些意义。

作为"科学的皇后"的哲学

我总是认为哲学是一个非常有力量的学科，因为它思维的路径不仅仅聚焦于能力和过程。哲学的内容是理解知识网络的形成性过程。

哲学给予我们欣赏过程的有意义内容，以及关于内容的有意义过程。在此意义上，对于思维能力教学而言，哲学是最理想的学科，因为正是这个学科在内容上最丰富地处理了有意义的思想和知识的形成过程。

这就是为什么亚里士多德将哲学视为"科学的皇后"之原因。

对意义的追寻指导探究

李普曼：如果杜威的理论是对的，探究的过程总是受其所处情境之质量的指导，而非探究目标。

对我来说，如果这是对的话，我们在教育中应强调的探究，就不宜与真理的目标发生过多联系，也应同时关注意义的本质，因为我认为前者只是其中一个（教育）目标，也是知识的其中一个特质而已。

因为正是对意义的追寻、追求意义的质量，而非真理的目标，对探究发挥着指导作用。

丰富儿童的体验

参与者：我非常同意这一点。

之前您提到儿童哲学的效果取决于情境，探究者所感知的、体验的或解释的情境及其质量。

我们是基于自身拥有的全部经验和此前的全部思维体验来感知情境的。

这正是我想要强调的，整个学校教育应该丰富儿童的体验，使他们有能力联系自己脑海中已有的思维经验，将某个情境置于自己的视角之下。

分享意义，而不仅仅是真理

李普曼：我也完全赞同你的观点，但我同时也认为在杜威那里，还有一个关于经验分享、意义分享的概念。

这是另一个目的，不仅仅是真理，而且是意义和经验的分享，其本身就有价值。

以一种类似笛卡尔的模式 ① 对真理进行个人化的追求，我认为对此我们已经讨论得太多了！

---

① 所谓的笛卡尔模式（The Cartesian Model）就是指法国数学家和哲学家笛卡尔（René Descartes，1596—1650）在其《方法论》（*Discourse on Method*，1637）一书中所提出的质疑方法，旨在以自己的存在来建立真理，以"我思故我在"的名言为证。通过精神活动揭示的自我是一个独立的去身体化意识（*cogitans*），只有上帝的仁慈才能确立起与他人的关系。这种思维模式创造了一种唯我论自我中心主义哲学探究的方式，此后还有进一步的发展，但李普曼本人是强烈反对的。

第十六章
教育领导与教学

李普曼（Lipman）

教育官员太忙于重构课程了

参与者：我想对您刚才提到想要保证课程的原汁原味这一点略作评论。我不知道昨天那位教育官员是谁，但如果他是来自安大略省的话，倒不会令我感到奇怪。

他说，"我们并非不同意您所说的，但是我们现在的课程太满了，我们没有时间。"我经常听到类似的评论，我发现当教育官员亲口说"我们没有时间让儿童学会批判性思考"的时候，是多么让人沮丧啊。

李普曼：如果你回看一下教育官员在任意一年的任意时间段里所发表的声明，你就会发现他们总是在说同样的事情：我们太忙啦！我们总是拼命地忙于重构各种课程，我们没有时间来考虑你提出的问题。

课程的负荷

参与者：如果由我来说的话，我不认为这一点有什么特别的。我认为问题在于目前的课程体系已经是高负荷了，和我一起共事的许多老师都说："看看我们每天为了满足语文、数学和社会等科目的要求而多么忙。"

李普曼：在我看来对情境问题的讨论和探究当然是属于社会学科的。但这并不是我们课程体系的首要任务。

对于学生和教师来说，这都不是他们优先关注的事情。因此，正是课程的负荷本身成为他们关注的焦点。

从核心科目中抽出时间

参与者：我认为问题是：您是在要求我们从高负荷的课程体系中抽出更多的时间来进行儿童哲学活动吗？我们必须这样做吗？

您是在要求我们从所谓的核心科目中抽出更多时间吗？

如果这就是您想要求我们做的，那就算了吧。不过我不认为这是您想要我们做的事。

小学教师更加灵活

李普曼：我认为小学教师会及时感知到哲学在他们时间空档中的作用。小学教师会比中学教师在时间上更加灵活。

哲学能促进儿童更好地学习

这些教师认识到儿童哲学会促进儿童在语言应用、写作和阅读、语法规则的掌握等方面获得更好的学习表现。

儿童哲学对语言有一个特别的强调，我想教师会在专业的层面上喜欢儿童哲学，其原因并不是他们被迫如此，而是因为他们喜欢以哲学的方式来教学。

第十七章
将儿童哲学融入家庭生活

乔治·贾诺塔基斯
（George Ghanotakis）

参与者：关于融合还是独立的问题，我们安大略省一直都有重视某种方式的传统，只不过这个传统在实际中已经被遗忘了。有人曾建议将儿童哲学融入家庭生活，这就意味着我们也可将它结构化地融入课程体系之中，那样每个学校、每个班级都会主动整合儿童哲学了。

一些亟待解决的课程问题

但总的来说，我们很难决定在这些领域中还有多少做此类工作的空间。我们目前有跨课程的语言项目。

我敢说，最近几年，才有人付出严肃的努力来实施此项目，尽管此项目在数年前就已存在了。

所以一些课程问题仍然存在。

参与者：存在一个我们所用术语为何的问题：是基于内容还是基于技能来促使儿童学习呢……

对特色课程或独立课程的感受

参与者：我从一线教师那里得到的印象是，他们在做的事情已经够多了。千万别过来挤对我们或增加课程的负荷。如果有任何想要设立特色课程或独立课程的苗头，你就会遇到困难。

引入哲学课程的最直接方式

贾诺塔基斯：夏威夷引进儿童哲学课程的方式是值得关注的。例如夏威夷已经将《灵灵》① 作为主要文本引入语文课程之中了。

如果你们想要使语文教学包含高阶思维水平和丰富的体验情境，可考虑引入《灵灵》。

使用《灵灵》或以其为中心，都可在语文教学的任何必要环节加以实施。这正是通过语文学科引入儿童哲学项目的最直接方式。

参与者：那么我们就必须与语文教师和教科书出版商进行"斗争"了。

贾诺塔基斯：那是另一场"斗争"。

你们可以做的最好之事

李普曼：你们可以做的最好之事，对我而言，就是你们作为教师时所做之事。在你们的工作领域，在你们的教室里，尽你们所能做儿

---

① 在李普曼的哲学小说《灵灵》(*Piexie*) 中，主人公灵灵发现了许多不同类型的关系，探索了理由的本质，并思考事物、观念与人之间的特殊关系及其结果。尽管这部小说的重点是在理解和发展处理各类关系（逻辑的、社会的、家庭的、审美的、因果的、部分与整体的、数学的等）的能力，它也同时触及一些伦理的概念，如兄弟姐妹之间的竞争、人格、尊重他人、友谊、秘密、信守承诺、亲子关系、顺从、揶揄、自主以及与他人的热情交谈。同时也设计了一些空白的页面供小读者自由绘画。适用的年级范围是小学二至五年级。

童哲学的工作。让它成为你们工作的展示场。让人们看到你们正在付出的努力。

让家长知道，邀请他们走进教室，获得他们的支持，静悄悄地做好你们的工作，做你们能做的。这比任何其他工作都更能促使儿童哲学在课堂上的实施……看来我似乎终结了此次讨论。

贾诺塔基斯：不，不完全是。让我们暂停一分钟思考一下！

第十八章
能力迁移

李普曼和儿童
（Lipman and kids）

在其他领域应用能力

参与者：让我说一下，我在自己的课堂上使用《灵灵》已经有一年了。那么我是否应有能力将《灵灵》中的能力迁移到我负责的其他课程领域中去呢？

李普曼：这里最主要的，并不是你是否有能力将哲学延伸到其他学科领域，而是你的学生是否用其他学科领域的思维对《灵灵》这个材料做出回应。他们会在历史或科学的教材中主动识别出一些有问题的陈述，相比没有受过哲学训练的学生，他们更能做到这一点。

学生会提问并要求给出理由

他们会提出更多的问题。相比没有受过哲学训练的学生，他们在其他学科领域中也会更愿意寻找原因。我认为这必然会发生而且也应当发生。

但正是你们双方，即受哲学影响的学生和老师，才会对其他学科领域中存在的问题及其本质保持警觉。

贾诺塔基斯：正如您所言，我们要准备好在其他学科中也进行思维教学……做更好的准备。

参与者：一些想要提前阅读的学生对第一章特别感兴趣并且想要继续阅读下去。但是他们会对小说本身失去兴趣吗？

儿童与成人不同

李普曼：你必须谨记，儿童在某些方面与成人是有所不同的，即他们可以反复阅读一个故事。

但是我们成人不行。对我们来说，阅读一本书并且反复回溯过去、重新看是很少会发生的事情。在我们重读某本书之前，我们可能已经很多年没去碰它了。

儿童却并非如此。我认为儿童从第一章开始阅读整本书，然后又从第一章开始重新阅读，如此等等，这都是无害的。这取决于教师。我真的不认为儿童会在这个方面产生任何问题。

儿童哲学项目的责任感和合法性的问责

参与者：我想知道的是，您是否会像《聪聪的发现》那样，对《灵灵》和《冬冬与南南》①两个项目进行评估。

这不仅是为了便于整合整个儿童哲学项目，也是为了让学校董事会知道，要最终实现那些您所建议的目标进行问责。

我说这些是因为我们都意识到，至少在美国和加拿大是这样，一

---

① 参见 Wendy Turgeon（2020），*Philosophical Adventures with Fairy Tales*：*New Ways to Explore Familiar Tales with kids of All Ages*（Big Ideas for Young Thinkers），Lanham，MD：Rowman & Littlefield Publishers。

旦有经费的介入，任何决策都必须负责任，任何项目都必须满足合法性原则。

我个人认为，如果我们能在这个阶段对儿童哲学项目进行评估，那我们就能显著地增强努力的效果，至少在这个省是如此。

第十九章

学前阶段的能力

亚里士多德
(Aristotle)

李普曼：现在有许多不同类型的评估。其中一种评估的方式是现象学式的。

走进上《灵灵》课所在的教室，观察课堂教学是如何进行的。如果你是一个有经验的观察者，那么这就是一种评估。

另外一种方式是测验。不幸的是，我们手上的新泽西推理能力测验，在四年级以下并不可靠，而在五年级阶段会更加可信一些。

所以或许未来我们会设计出适合二年级学生的新测验。

综合整个项目

还有一条路是，在综合整个项目的基础上对早前实施的方法进行佐证。这就是说，有逻辑地开展一些活动以适应后续的安排。那么早期所做的工作是否更有利于学生学习后续的项目内容呢？

从分析能力到逻辑能力

例如，安昨天告诉我们的是儿童哲学视野下的能力发展顺序，在《聪聪的发现》中关注的是逻辑的、按时间顺序排列的能力，而在《灵灵》中则主要关注的是分析性能力。

如果你接触过适合学前及一、二年级儿童阅读的《艾尔菲》①，你就会发现此书并非引导学生去处理内部结构的陈述。但你仍然得引导学生掌握一些基本的哲学和教育技能。所以问题是：在学前阶段，什么是最基础的概念或教育技能呢？

联系和区分的能力

我猜想最基础的能力里应当包括联系和区分的能力。无论你具有怎样的科学或哲学水平，最复杂地使用这些技能的方式，就是有能力说出那些看起来相似的事物之间的区别，以及说出那些看起来不同的事物之间的相似点。

识别相似与差异

哲学家之间最经常发生的争论就是去做这样的区分："是的，它们看起来很像，但它们之间有所区别。""是的，它们看起来有所不同，但仍有相似之处。"

如果你能教一年级的儿童做出区分，并且能使他们理解何谓区分，

---

① Lipman（1987）*Elfie*：*Reasoning About Thinking*，Montclair，N.J.：IAPC. 一年级的艾尔菲喜欢观察周围的一切事物，对一切都感到疑惑，她想要弄清楚句子是怎么运作的，也试图发现哲学探究的一些基本特质。该小说还触及友谊、爱、自尊、尊重他人等伦理概念，也提供空白页供小读者自由绘画。适用年级范围：学前及一、二年级。其教学指导手册是《让我们一起思考》（*Getting Our Thoughts Together*，1988）。

那么他们就能重新审视一切命题并对其进行有效分组。

分组是归类的一种，也是你需要引入课堂之中的能力。但不仅仅对事物进行分类，还要对命题进行分类，对观念进行分类等。

从做区分到对命题进行分类

如果幼童能够进行分类，并且已经有一套分类的标准，那么他们就能对命题进行分类。

让我们说"是"而非"不是"。事实上，如果你说"做区分的是些什么类型的命题"，这里的命题是指陈述某事不是如此，或没有事物是如此。

说"是"的命题就是指所有事物是如此，或某些事物是如此。

与一年级儿童谈论全称判断

很快你就可以带领学生对全称肯定判断和全称否定判断以及其他逻辑判断进行区分。你可以帮助他们理解主语和谓语之间的关系。这可以在一年级和二年级的时候进行。

区别于传统方法

你不是通过传统的方法达成这项目标的，即不是向儿童直接说主语是什么，动词是什么。例如，主语施加某个行动，而动词展示行动的内容。

当然，我认为你也不必返回到亚里士多德关于形式与质料、偶性与属性的解释中去。

第二十章
举出正例和反例

亨利·纳尔逊·古德曼
(Henry Nelson Goodman)

儿童有能力给出正例和比喻

李普曼：你可以使用不同的方法，例如在纳尔逊·古德曼 ① 所用的方法中，他认为主语说明了谓语本身，因为儿童知道如何完美地给出例子。

儿童有能力给出正例；他们也有能力给出隐喻、明喻和反例。

发挥儿童自身的优势力量

我们的工作必须发挥儿童自身的优势力量，而不是他们的弱势或不足。我们必须基于儿童的优势方面开展工作。比如你要求他们举出例子，他们会非常快速地给你举出一个。

---

① 亨利·纳尔逊·古德曼（Henry Nelson Goodman，1906—1998）是一位美国哲学家，因其在反事实论、整分论、归纳问题、实在论和美学等方面的研究而闻名。在古德曼的眼中，可能的对象和谓语消失了。谓语指向实在，但是其外延也会以非常具体的方式与某些显在谓语的外延相联系。持续"燃烧"到"可燃"的问题也与归纳问题相似。古德曼（1977）：《没有属性的谓词》，见《中西部哲学研究》期刊（*Midwest Studies in Philosophy*），1977 年第 2 卷；《语言哲学研究》期刊（*Studies in the Philosophy of Language*），第 212—213 页。

草就是绿色的一个例子

我们看"草是绿色的"这样一个句子，在亚里士多德的意义上，绿色是草的一种属性。如果我们从语法的角度来分析，可以发现绿色是谓词，而草是主语。

或者我们从举例的角度来说，草是绿色的一个例子，由此我们就完全改变了分析的方法。

我认为这对儿童来说是更加有意义的。所以有许多种方法可以做类似的研究。

参与者：您的意思是要引导儿童去描述过程，检查清单、线索之类的东西吗？

李普曼：是的。

第二十一章

评价整个课程

弗吉尼亚·希普曼
（Virginia Shipman）

参与者：但是您的项目是不是会提供给教师或评价者一套测量的工具，方便他们进行观察或做其他工作呢？

李普曼：我认为评价需要花费相当长的时间，远在我们知道自己所做的课程是否足够有效到可以进行评价之前。

这种评价需要针对整套课程而不是课程的一部分进行。

评价进程的工具与说明

贾诺塔基斯：马修，您会否说这套评价系统已经通过不同的问题与练习，在许多方面已经完成了呢？比如在《灵灵》课程中。

《灵灵》设计了不同类型的问题以及问题与练习之间的关系，以用来检测各种能力，比如区分相似与差异、分析性推理和逻辑推理、了解主语与谓语之间的关系、有效的推理形式等技能。

课程也提供了许多工具和说明，方便教师以可测量的方式运用这些能力。

李普曼：如果你认为我们做的事情不对的话，我不知道要说什么。

参与者：我的问题并不是关于您所做的事情是对还是错，而是问您的项目中是否存在一些材料，可以帮助教师、评价者、公务员或其他人在事实上能从外部评价儿童哲学项目呢？

此外，在这些课程的项目设计中是否内嵌有评价的部分？

帮助儿童准备好取得教育成功

李普曼：我在本次会议的开始阶段就试着回答了这个问题，我会再说一遍。或许我们已经有点迷失了。

我很高兴希普曼不在这里，因为她或许不会同意我以这个方式提出此问题。但是让我们假设我们的争论是为了让儿童准备好获得教育上的成功吧。

我对此喜忧参半的原因在于这并不是我们想让儿童做好准备的唯一事情。我们也想让他们获得生活上的成功，学校之外的成功，而不仅仅是校内的成功。更多的学生中途就辍学了，没有留在学校。

未来大学阶段的成功所需的能力

决定我们该做什么的途径之一就是问我们自己，要想在大学阶段取得成功，需要具备哪些认知能力。一旦确认了这些能力，就可以回过去问："早期需要教给学生什么能力，才能使他们在未来生活中获得所需要的能力？"

儿童哲学教师成功教授能力的证据

我认为我们已经有证据证明，参与儿童哲学项目的教师传授给了学生在他们大学阶段取得成功所需的能力，而且教得非常成功。

换句话说，教师在教学上有了显著的改进。所以，正面的例子就摆在那里，至少从五年级开始就存在。

参与者：但是我特别想了解的是五年级之前的情况。

面向二年级儿童的测验

李普曼：对五年级之前的儿童进行测验是必须要加上去的，所以这就是为什么我说面向二年级儿童的测验也是必需的。

昨天我还问维姬（希普曼博士），这种测验是可行的吗？她肯定地说，是的，这是可行的。

当然，还有面向二年级儿童的其他测验。比如面向二年级儿童的科学测验或科学意识测验。

还有另一种测验，她认为如果那些测验是可行的，那么推理测验也可以在三年级进行。不过测验题恐怕必须由教师读给学生听。

第二十二章
面向低年龄段儿童的认知工具

斯滕伯格（Sternberg）

贾诺塔基斯： 我想要谈的是我们与渥太华一所学校董事会合作进行了一项非常重要的实验项目。

我们调整《灵灵》课程项目（针对二、三年级），使之能适应一、二年级学生的需要。我们也用加拿大认知能力测验① 进行了检测。

我们很快会看到最终的测验结果。但是我认为这只是我们能够得到的其中一种定量证据。

夏普： 你是用什么测验来进行实测的呢？

贾诺塔基斯： 加拿大认知能力测验，面向小学一年级的。

---

① 加拿大认知能力测验（The Canadian Cognitive Abilities Test，简称 CCAT）是一个对推理进行测量的工具，与 NJTRS 相似，都在测验高阶思维能力，凭此能力决定学生是否可按资优学生或天才学生的身份入学。它测量不同的推理类型：口头语言的（类比、句子完成、分类）、定量的（数字类比、数字拼图和数字排列）和非口头语言的（图形矩阵、折纸、图形分类推理）。https://school.nelson.com/psych-ed-assessment/CCAT7。不同于能力测验，CCAT 还是一款成就测验，可评价已经习得的知识或技能。就此可与美国的都市成就测验（The Metropolitan Achievement Test）相比较，后者也是标准参照的。面向三至十二年级的 CCAT 包含三部分测验，即口头语言的测验、定量的测验和非口头语言的测验。

李普曼：可以发给我们一份复印材料吗？我还没有这个材料呢。

民族志和现象学的证据

贾诺塔基斯：那是加拿大的研究成果。此外还有加拿大基本能力测验（CTBS）[①]，我们也使用过。

除了这些测验之外，还有一些民族志和现象学的证据，对于评价思维习惯或价值的改进非常重要：自我反思，人格、道德和社会发展。

昨天一年级学生参与了儿童哲学项目。我们对此进行了一点记录，因此获得了一些直观感受。

还有一些教师因为参与这个项目而改变了自己的态度，我认为这非常有意义，我们应该重视并密切关注。

退休教师做儿童哲学

我从参与的试点试验项目中获得了无数有趣的反馈，其中一条是关于一位幼儿园退休教师的，她回学校做了教儿童哲学的志愿者。

人们总是在退休之际就感觉"燃烧殆尽"了，他们一般不会返回学校去做一些相关的工作，至少在最初的几年时间里是这样的。

[①] 加拿大基本能力测验（CTBS）是一个标准参照的测验，与爱荷华基本能力测验（Iowa Test of Basic Skills，简称 ITBS）相似。其改进版属于尼尔森教育集团。此外，它还是一个竞争性的资优和天赋能力测验，面向幼儿园至高中的学生，以判断他们是否能进入高级课程。该测验包含一系列不同的分测验，尼尔森教育集团提供专人小组实施纸笔测验。

面向三至八年级学生，它评价的项目包括：阅读、写作表达、拼写、大写、标点符号、词汇、数学、计算、科学、社会研究。

三年级学生则参加以下分测验：阅读理解、词汇、标点符号、大写、拼写、参考材料、使用与表达、科学、地图与图表、数学计算、数学概念和估算、数学问题解决和数据解释。

注：加拿大 CTBS™ 测验不可与美国的 CTBS（加利福尼亚基本能力测验）相混淆，后者是评估所有九年级学生的年级水平，前者特别重视数学能力的评估。

从开放性探究和疑惑项目中学习

那位退休教师返回学校的主要原因，是她有机会从儿童和教师所参与的开放性探究和疑惑项目中学到东西。

所以除了我们收集的趣闻轶事性证据之外，在儿童哲学项目实施的早期，我们也有其他一些评价的证据。

现有的加拿大测验

参与者：我想知道加拿大认知能力测验是从哪里来的。我们有些加拿大人也未曾听过。

贾诺塔基斯：据我所知，所有学校董事会和心理服务机构都应该有这个测验。它不是渥太华的研究成果。我觉得你也可以从多伦多那里获得。

参与者：刚才我们谈到的试验项目是指和平王子学校（the Prince of Peace School）吗，是他们在开展《灵灵》项目的试验吗？

第二十三章
具体策略和游戏的使用

约翰·杜威
（John Dewey）

　　贾诺塔基斯： 在和平王子学校实施的双语项目是非常有创意的，因为我们试图将儿童哲学应用到一年级阶段。我们已经对《灵灵》项目做了许多调整。

　　有些绘画和伴随游戏的具体策略可见于我们制作的加拿大儿童哲学协会通讯手册中。①

哲学探究必须在出示插图之前发生

　　由于我们无法以第二语言与口头语言表达能力不足的学生进行哲学对谈，因此我们只能诉诸其他表达媒介。

　　但是我们总是在出示插图之前就开始进行讨论、哲学探究和对话。

---

① 加拿大儿童哲学协会，Candian Association of philosophy for Children，简称 CAPC，开发了如智慧游戏（the Game of Wisdom）和那些为适应智慧导向游戏及对话策略而开发的资源（如为促进探究共同体结构化讨论的 WRATEC 和 PHILOS 对话工具），以便更好地实施儿童哲学项目。

我可以举出许多互动性课程策略的方法，也可以创造一些类似的方法来帮助教师。

参与者：测验中的认知能力与《灵灵》项目中的具体材料相匹配吗？

贾诺塔基斯：你的意思是它们是否有参考标准吗？没有，它们没有参考标准。但是我们可以考查它们是否能产生影响，如希普曼博士所希望展示的方式一样，即考查项目本身是否能对标准化测验（诸如加州关于认知成熟度的测验或都市成就测验）产生影响。

参与者：您还记得里面包括哪些具体的认知能力吗？

贾诺塔基斯：基本能力包括分类、推理、类比、空间和视觉思维能力。

参与者：CCAT 是加拿大基本能力测验的一部分吗？

贾诺塔基斯：不是，加拿大基本能力测验不同于 CCAT，后者是关于认知能力的测验。此外，我们想要考查其对儿童道德发展的影响，但是我们迄今还没有利用任何类似的工具测验过。

第二十四章

思维教学的错误方法

保罗·弗莱雷
(Paulo Freire)

参与者：如今总是有人不断告诉我们，学校课程如此拥挤不堪，已经没有可能教儿童进行思考了。

参与者：不过在行政人员或教育官员看来，在传统的课程项目中，儿童已经在进行思考了。

在语文、数学、社会等课程中都包含了思维。为什么我们还需要增加思维课程呢？

四种不同的思维教学类别

贾诺塔基斯：关于思维教学方式的不同，我们已经通过文献资料将差异点梳理出来了。

我们必须区分以下四种思维教学：

1. 教科目相关的思维（以知识交流为目标）；

2. 为思维而教（以提高思维能力的方式教学科内容）；

3. 教如何思维（不是指思考的内容，主要通过发展批判性思维能力，帮助学生做出良好的判断）；

4. 教关于思维的思维（帮助学生意识到自己的精神活动或加工过程，以便更好地驾驭思维）。[①]

李普曼：关于思维的教学或教思维的心理可以是一个非常有趣的科目。儿童可以从中学到很多，其方式就如同学习生态学、世界公民学或其他课程一样。

但是在教儿童思考、鼓励他们思考和刺激他们思考方面，并非所有思维教学都是一样的。

关于思维的教学可能是一种逃避

关于思维的教学可能与其他任何科目（包括哲学）一样是枯燥乏味和沉闷的。

它不采取一种规范性的方式，而是对世界的某个部分进行描述；它可以是有用的，也可以是无用的；可以是枯燥的，也可以是生动的。它对教育的变革可能不会产生任何贡献。

参与者：我想就这一点发表我的看法。我深信教育系统是想要培养一个会思考的人类个体。我认为它也想要培育出一个遵守规则的人类个体。我认为我们所看到的许多抵制就如刚才所言的那样，尽管我们也会听到各种借口。

李普曼：加一个思维教学的课程可能确实无法改变课程体系的其余部分，绝对不会改变。这是一种逃避。

---

① 参见 Ron Brant：《编者概览：为了思考、关于思考的思维教学》（*Editorial Overview*：*Teaching of Thinking for Thinking*），《教育领导》（*Educational Leadership*）期刊，September 1984. Virginia: ASCD, p.3。

　　参与者：有一次我听人说，要想保证一个社会的前进，就必须制造更多的消费者而非生产者，基本上这就是学校在做的事情，培育消费者而非独立的生产者。

第二十五章
思考重要的事情

马丁·海德格尔
(Martin Heidegger)

贾诺塔基斯： 我不得不结束这场趣味盎然而又充满反思性的对话，最后让我们再来读一遍《教室里的哲学》中关于"思维能力和其他学科"这个章节的两个标题：

1. 对话与思维的关系；

2. 认真思考重要的事情。

我认为在李普曼博士的帮助下，我们所做的就是展示第一个标题所指引的力量，同时为讨论第二个标题创造条件。

让你思考的是什么？

李普曼： 如果人们觉得自己在最近两小时内思考了的话，那么我们应该让他们反思一下自己的经验，并询问他们，是什么促使我们在这个阶段进行思考的呢？我们为什么会思考呢？

如果他们给出了部分回答，那或许可以进行推断并应用到课堂上，从而使学生思考。

　　换句话说，问一下你自己：

　　是什么让你思考？

　　具体是什么？

　　是观念吗？

　　是指人们相互间的交谈吗？

　　是指观点上的差异吗？

　　尝试在你的工作中进行应用。

　　我要说的就是这些。

思维的技艺与真实的存在

　　贾诺塔基斯：促使我们思考的问题是根本性的。思维就是一种技艺，一种手工技艺。它与手有特殊关系，比如制造一个储物柜。

　　思维并不是一种抽象的非物质活动。它是一种充满实践智慧（*phronesis*）的"动手"，一种做事和决策的方式，呈现于我们在世的存在与栖居。就如海德格尔（1977）所描述的，思维"从推和拉的具体实践活动延伸至问候的特殊手势以及祈祷者的社会姿态"[1]。思维是所有这些行动中最普遍的要素。

　　思维需要培养，它需要持续的教育和沉思默想的实践，而不是引诱个体坠入不真实的"大写人"的思维模式之中，即海德格尔所谓的"他们"（das man），非个人的思维定式或公共的自我。"他们"预设了"大写人"所应当看的、说的、想的和行动的。存在于"他们—自我"

---

[1] 马丁·海德格尔（Martin Heidegger，1977），《哲学的终结与思维的终结》（*The End of Philosophy and the end of Thinking*），选自 D. Krell（Ed.）Martin Heidegger. *Basic Works*，London：Harper and Row，p.356。

之中就是一种未经批判性检视的思维。如海德格尔所解释的：

> 我们乐在其中和享受自我，就如同他们乐在其中一样；我们读、看和判断文学与艺术，就如同他们看和判断一样……我们感到震惊就如同他们感到震惊一样。这种他们是不确定的，但却是全部，尽管不是总和，它预设和规定了我们每一天的存在。①

现在的这种他们更多地存在于不断涌现的精神活动、社会媒体的想象和工具性计算思维的数据加工过程之中，它由我们每天不可抗拒地卷入其中的计算机和非个人化算法所决定。②

真实的存在并不是指孤离于世界，不问世事，而是使我们每日脱离他们思维肆无忌惮的控制，使我们成为自由的、被启蒙的个体，以回应获得真实存在的良知的呼唤，追求真理和意义，并在我们的生活中实现。

思维作为一个清醒的活动构成了我们关怀存在的本质。③"绝对清醒，"汉娜·阿伦特说，"就是我们通过所有其他'官能'的自我聚焦以及在这种聚焦中，使我们获得自由并投入行动之中。"④思维并不是中立的。思维决定了我们想要成为什么，以及我们如何对待自己的生活质量。因此，提问是重要的，正如李普曼所督促我们的："是什么促

---

① Heidegger（1962），《存在与时间》（*Being and Time*），trans. John MacQuarrie；New York：Harper and Row（27：164）。

② Bo Dahlin（2009）评论道："我们必须学会思考……思维和存在相互依存。海德格尔将思维本体论（*ontologizes*）化。思维不是神经生理学加工过程中的一个多变的、模糊的副产品。"参见《通向思维之路：海德格尔研究的启示》（*On the Path towards Thinking：Learning from Martin Heidegger Studies in Philosophy and Education*，2009），《哲学与教育》（*Philosophy and Education*）期刊，2009（28），第538页。

③ 海德格尔将人类存在的本质视为在世的关怀（Sorge），对他人（Mit-sein）以及投射到他/她生命之中的实物世界表达有用的关心。

④ 汉娜·阿伦特（Hannah Arendt，1950），*Denktagebuch*（book of thoughts），Vol.1，p.12. 阿伦特对海德格尔关于思想的观点进行了解释，认为它是植根于人在世界中存在的实践智慧。

使我们思考呢?"海德格尔也提道:

那种召唤我们思考的是什么呢?

是什么在对我们进行召唤,

我们应该思考

并且通过思考成为我们自身。①

学会为真实而思考的意义有很多。其中一条意义就是在言说、判断和行动之前,在与他人进行批判性对话过程中,就发展推理的习惯,从而形成一种"自我决定意识",以抵制"他们"的要求或"同伴的说服性压力"②。因为真实让我们(潜在地)过上一种更加有识别度的生活,更适合我们自身的生活。

---

① 海德格尔,《什么是思维》(*What is Called Thinking?*)(*Was Heisst Denken? 1954 Tuebingen:M. Niemeyer*) Trans. Glenn Grey,New York,Harper and Row. p.115,1968,362。原来的德语标题是"*Was Heisst Denken?*",也可以被翻译为《召唤我们思考的为何?》。若要了解更多海德格尔的思想,可参见 George Ghanotakis,《海德格尔的基本现象学》(*Heidegger's Fundamental Phenomenology*),*Man and World*,1981,14,pp.251—267.)和《解读海德格尔的本质观》(*Unscrambling Heidegger's Notion of Essence*),*Journal of the British Society of Phenomenology*,1984,15(1),pp.22—33。

② S. T. Gardner 和 D. J. Anderson(2015,p.14)。

为智慧而教

由李普曼儿童哲学项目开创的教育革命已如上所述，它包含两个维度：（1）将哲学这个学科引入基础教育中以促进儿童作为思考者的发展；（2）哲学探究共同体教学法具有"一个开放而有指导性的结构化对话语言"（Kennedy，2012）。

尽管我对此观点并无异议，但我还是想在此书中呈现李普曼的儿童哲学项目，以回应当前关于智慧教育的需求。

基于智慧的思维能力教育关注哲学对话能力的培养，这些能力包含在最突出的 21 世纪能力国际框架之中，使生活中的不同领域获得可衡量的益处。基于智慧的思维技能与多维复杂思维有密切联系，包括批判性思维、交流、协作、品格（生长型思维模式）和创造性。[1]

多向度思维是一种卓越的智慧思维，符合批判、创造和关怀思维

---

[1] 《21 世纪技能》（21st *Competencies*），加拿大安大略省教育部（Ontario Ministry of Education，2016）统计。这些能力对评价学生成就而言是非常重要的，而这种重要性在报告中有所反映，并被认为是具有迁移性的。还可参见《21 世纪的学习：以学生的表达方式教当代学生》（*Learning in the 21st Century：Teaching Today's Students on Their Terms*，2014），The Partnership for 21st Century skills。

的三大标准。① 这些维度之间并不存在等级和序列关系。它们是同等重要、相互依存与有机互动的，共同维持探究共同体（COI）这种教学法的运转；而 COI 是"教育界一种新的反思性范式"，其"指导思想是理性（个人品格）与民主（社会品格）"。②

以儿童哲学为代表的这种新反思性范式，"其特点在于引入诸如探究共同体、反思平衡和强化判断等操作"③。

在实施哲学探究活动时，COI 的目标是训练"道德的、社会的、政治的和审美的判断，以直接应用于各生活场景"④。它是通过使用小说、故事书、讨论计划和游戏开展公共对话，从而培育儿童的智慧与理性力量。

为了教会儿童基于智慧的能力，使他们做出智慧的判断，仅仅告诉他们要变得有智慧是不够的，必须设计活动来帮助他们学会分析地（批判性地）、创造性地和实践性地思考，投入自我反思、对话和辩证思维之中，并协调对立的观点。雷茨尼茨卡亚和斯滕伯格（2004）解释道，儿童应该：

1. 练习"反思性"思维，避免做判断时陷入冲动和盲目，以及采纳任何未经声明的假设，而是"对潜藏的情境线索保持敏感"⑤；

2. 开展实践性对话，超越自我中心式的独白立场，保持对他人观

---

① Lipman（2003），*Thinking in Education*，Cambridge，Cambridge University Press，p.201.

② 在描述教育可以成为或应该成为什么的新反思性范式时，李普曼说道："这种范式强调的重要性不仅仅指向批判性思维，也指向创造性思维和关怀性思维——这三者都是必要的……这类实践教学法就是我们所说的'探究共同体'。"

③ Lipman "Brave Old Subject，Brave New World"，in Naji and Hashim（2017，p.12）.

④ Lipman（2003），p.279.

⑤ 雷茨尼茨卡亚（Retznitskaya）和斯滕伯格（Sternberg），《教学生做智慧的判断》（*Teaching Students to Make Wise Judgments*），2004，p.187："一个有智慧的判断者，会有目的地选择那些关于某具体环境的隐藏规则和假设，有效使用他或她对环境条件的理解，以达到最终的目的。"

点的开放，并主动进行自我纠正；①

　　3. 养成辩证思考的习惯，学会整合与协调不同立场。②

　　辩证思维并不仅仅分享自己的观点，也包括设想对立观点，其目的是进行动态综合或整合，以获得针对矛盾的解决方案，惠及各方相关人员。③

　　以吸烟为例，寻找化解矛盾的方法是采取如下立场，即人们应有权自由决定怎么做，但是某些限制仍是必需的，如禁止向未成年人销售香烟，禁止在某些公共场合吸烟等。④

　　重要的是，辩证的过程应当始终是开放的，以探索更多的可能性，从而获得比起初调节综合所得更理智的解决方案，但它反过来也可能会成为新一轮辩证思考所否定的论点。

　　因此通过放大单一解决方案的局限性、探索替代方案，"形成新的，或许是更复杂和更有智慧的调节方案"，辩证思维由此培育智慧。⑤

　　将辩证思维融入 CPI 的框架之中，是李普曼儿童哲学项目所缺失的。尽管事实上儿童哲学复兴了辩证思维，这种辩证思维是亚里士多德传统中公民所应掌握的"七艺"之一，而李普曼将其视为检视反论点的方法。⑥ 在笔者关于合作对话的 PHILOS 模式中，再次强调辩证

① "一个人完全有可能'在内心世界里，满以为自己的想法是绝对正确的，但事实上却又是错误的'。"Retznitskaya, Sternberg, *Teaching Students to Make Wise Judgments*，第 187 页。
② 同上。
③ 同上，第 188 页。引自黑格尔的辩证思维过程，包含三个步骤，即论点（正）、反论点（反）与综合（合）。
④ 同上，第 189 页。
⑤ 同上。
⑥ Michel Sasseville 和 Anda Fournel、Caroline McCarthy 以及 Samuel Nepton 合作出版《哲学在研究共同体中的实践：在断裂和持续性之间》(*La pratique de la philosophie en communauté de recherche : entre rupture et continuite*)，Quebec：PUL，p.341. Sasseville 意识到，亚里士多德传统中的辩证思维，是受启蒙公民所要学习的"七艺"之一，是检视反命题和反例的方法，李普曼的观点也与此一致。逻辑是三大通识教育或"三科"之一：文法、修辞和逻辑。而后四类通识教育（或称"四学"）则是几何、算数、音乐、天文。

思维，以促进"大胆会话"① 的进行，帮助参与者处理种族不平等和多元性议题②。

儿童哲学、智慧和近期的重构

正如研究者所注意到的，"早期儿童哲学对批判性思维的强调已经被理论家转化为对哲学探究共同体的关注，其将哲学探究共同体视为一个政治实验室，一个智慧训练的方法……甚至是一种沉思或实践"③，而儿童哲学项目没有在文化上和理论上与此"绝缘"。

某些学者已经对思维进行了重新解释，他们反对传统的促进分析性思维能力和科学探究的认识论取向，而将思维发展成包含批判、创造和关怀的"三位一体"概念，将情感社会学习和伦理关怀的重要性考虑在内。④

---

① Glenn Singleton 和 Curtis Linton，《关于种族的勇敢对谈：学校中实现平等的实地指南（第二版）》（*Courageous Conversations About Race：A Field Guide for Achieving Equity in Schools*），N.Y. Corwin，2015。

② 我们为东中部渥太华学校董事会提供一系列工作坊，以培训教师使用 PHILOS 合作对话模式来促进情感社会讨论及建立 PHILOS 俱乐部，帮助学生发展做出智慧决定所需的能力（2021年5月）。

③ Gregory，M（2011），《儿童哲学及其批判：门德汉姆对话》（*Philosophy for Children and its Critics：A Mendham Dialogue*），《教育哲学期刊》（*Journal of Philosophy of Education*），第 45 卷第 2 期，2011 年，第 212 页。

④ Gregory，M. and Laverty，M.（2009），《哲学与智慧教育》（*Philosophy and Education for Wisdom*），收录于 A. Kenkmann（ed.），《哲学教学》（*Teaching Philosophy*，London，Continuum International），p.164. 理查德·罗蒂（Richard Rorty）也批评那种将哲学即爱智蜕变为爱智即科学探究的认识论取向（《哲学和自然之镜》（*Philosophy and the Mirror of Nature*），359.210）。还可参见 Jason Pietzner（2014），其试图将儿童哲学对科学探究对话的承诺及其概念分析的强调替换为儿童哲学的伽达默尔（Gadamerian）模式，就此建立基于实践智慧（phronesis）的伦理理解，以及创造对话和游戏的空间。Jason J. Pietzner，《扩展他们的视野：解释主义实践和儿童哲学》（*Expanding Their Horizons：Hermeneutic Practices and Philosophising with Children*，墨尔本大学博士论文），2014 年，第 194—195 页。

批判取向的儿童哲学

近来也有学者将儿童哲学与保罗·弗莱雷（Freire）批判教育学进行整合，从而创造出一种所谓"批判性儿童哲学"的取向。[①] 这种取向不仅仅将批判性思维视为一种推理技能，而且用其来探索教育的政治潜能，视教育为一种解放性实践，使教师毫不犹豫地将现状的不公平现象纳入问题的视野之中。[②] 师生基于对世界情境的分享式阅读而进行反思性实践，并由此构成一种对话型关系，教育就是在这种关系中形成的。

这种更加具有政治色彩的儿童哲学不仅教儿童如何阅读文字，也教他们"阅读世界"，即在对话型反思实践中解释和改变世界。如果儿童哲学实践者对民主和社会正义感兴趣，那么目前这个课程是不够的。[③] 我们需要重新思考哲学实践的方式，确认教育具有政治性，并使之栖居于另一种理性之中；同时关注平等与差异，正义与自由。

解释学取向的儿童哲学

另一条重构李普曼项目的道路是由皮策（Pietzner）提出的"解释性儿童哲学"（HWC），将实用主义和伽达默尔解释学哲学整合起来，并以实践智慧的形式（等同于亚里士多德的实践智慧"phronesis"）

[①] James Funston，《走向批判性儿童哲学》（*Toward a Critical Philosophy for Children*），《PSU 麦克奈尔学者在线期刊》（*PSU McNair Scholars Online Journal*），2017 年第 5 期。

[②] 同上，第 10—11 页。

[③] W. O. Kohan，《保罗·弗莱雷与儿童哲学：一个批判性对话》（*Paulo Freire and Philosophy for Children: A Critical Dialogue*），《教育哲学研究》（*Stud Philos Educ*），2018 年第 37 期，第 615—629 页。

出现①，期望此解释学化的儿童哲学"苹果"不会掉在离李普曼之树太远的地方②。

受罗蒂（Rorty）和伽达默尔（Gadamer）的影响，HwC 扩展了哲学探究本身，使之不仅仅基于科学方法来思考概念发展，而将哲学想象视为一种伦理和诗性的实践，并赋予其同等重要的地位，从而使参与者通过谈话和游戏投入具有启发意义的话语之中。③就对他者产生共鸣而言，哲学想象是必要的，由此可实现探究共同体的内部团结。

此外，皮策还描述了一个事实，即"在儿童哲学的材料中，智慧并没有得到足够的理论化和描述"；在话题讨论期间解释概念的过程中，向传统学习是作为"一个批判性他者"而存在的，这一点常被忽略，但我们仍有向经典学习的必要。④

面向儿童的智慧教育（W4C）

我们同意儿童哲学可以从清楚表述一个更具政治参与性的实践以解决社会正义和民主多元化问题中获益。我们也同意智慧的培育作为

---

① Jason. J. Pietzner，《扩展他们的视野：解释主义实践和儿童哲学》（ *Expanding Their Horizons*：*Hermeneutic Practices and Philosophising with Children*，墨尔本大学博士论文），2014，第 220 页。皮策认为自己对李普曼项目的发展做出了贡献，即提出了"儿童的解释主义"而非"为了儿童的解释主义"。儿童哲学（PwC）是全球前大学阶段哲学教育的更常见表达。可参见 Joe Oyler（2016），《与儿童的哲学：李普曼–夏普的儿童哲学的路径》（ *Philosophy with Children*：*The Lipman-Sharp Approach to Philosophy for Children* ），收录于 Peters M. 编辑的《教育哲学与理论百科全书》（ *Encyclopedia of Educational Philosophy and Theory* ），Springer，Singapore。让我们注意一下，"儿童哲学"（P4wC）这个表述已经被国际哲学探究委员会（ICPIC）所接纳。有些会议还会使用"儿童和青少年哲学"这样的表述。

② Jason. J. Pietzner（2014）.

③ "我不认为单纯的概念发展在培育实践智慧时是有用的，它会要求学生以罗蒂和伽达默尔所要求的哲学方式来启发他们。"同上，第 215 页。

④ 同上，第 221 页。Gadamer，Hans Georg（2006，第 2 版），《真理与方法》（ *Truth and Method* ），Donald Marshall 和 Joel Weinsheimer，London and New York：Continuum。

一种"实践智慧"（phronesis）并没有成为儿童哲学项目关注的重点。智慧也确实没有在儿童哲学材料和教学策略中得到理论化描述，而本书作者则试图通过创造"面向儿童的智慧教育"（W4C）来填补此空白。

W4C 可视为儿童哲学的智慧丰富项目，它通过游戏本位的框架，提供了一个融合体验式学习和项目式学习的哲学探究模式；运用斯滕伯格智慧教学的指导原则，将智能与创造能力整合了起来（WICS 模型）。[①]

正如夏普对批评者所做的回应那样，在培育批判性思维、创造性思维和作为关怀的"伦理意识"过程中，儿童哲学一直有意"强调"智慧：

对智慧的强调总是在那儿。这是马修·李普曼从最开始的时候就铭记于心的。[②]

李普曼总是将哲学解读为"智慧的追寻"，将儿童哲学教育项目视为改善对生活情境做出判断之能力的途径，以便与他人和谐共处。夏普提道：

当我问他："对你来说，什么是哲学？"他说："哲学是对智慧的追寻。"

马修审视了哲学的整个对谈历史，回溯至苏格拉底，将哲学视为

[①] R. J. Sternberg（2003）.

[②] 莫恩·格雷戈里（Maughn Gregory），《儿童哲学及其批判：门德汉姆对话》（*Philosophy for Children and its Critics：A Mendham Dialogue*），《教育哲学期刊》（*Journal of Philosophy of Education*），第 45 卷第 2 期，2011 年，第 200 页。关于培育智慧的目标还可参见夏普（Sharp）《课堂探究共同体即仪式：我们如何培育智慧》（*The Classroom Community of Inquiry as Ritual：How We Can Cultivate Wisdom*），《批判与创造思维》（*Critical and Creative Thinking*），2007 年第 15 卷第 1 期，第 3—14 页。

帮助我们改善生活质量的一种追求。①

　　教授和培育智慧一直是教育的目的。作为一种制度，教育帮助学生发展智力、培育品格以及学会社会化，以便过上一种有意义的、健康幸福的生活。

　　"教育是社会中的一种制度，使我们准备好学会独立生存，不仅仅是学会生存，而且是学会生活，这就是幸福感的意思，即为了生活。没有教育，我们就不可能学会生活。"②

---

① 杜威对智慧的界定是为丰富生活提供指引的"知识 +"（Dewey，1991，p.389），引用自 Gregory（2011），第 200 页。
② 对李普曼的访谈，参见 Kohan（2018，p.18）。李普曼补充道：在理想的社会中，教育应当是一个非常有力量的机构，比经济机构更有力量。

东北师范大学附属小学的智慧游戏展示课：《有趣的图片》玩法

附　录
联合国教科文组织和新哲学智慧实践

　　1998 年的研究指出，以简单的语言来展示哲学原则是有可能的甚至是有必要的，这样更易于幼童接触哲学，由此联合国教科文组织才下定决心要在学校中鼓励儿童"学会哲学化"[①]。联合国教科文组织建议，通过整合全世界该领域内的已有信息，"建立不同国家之间的合作网络，来促进儿童哲学的发展及经验分享"。

　　2007 年，联合国教科文组织出版了《哲学：自由的学校》，其中第一章即检视了世界范围内儿童哲学研究与实践的发展现状。[②] 哲学

[①]　*La philosophie pour les enfants*（*Philosophy for Children*）. Réunion d'experts，Rapport. Paris，UNESCO，26—27 mars 1998. https://unesdoc.unesco.org/ark:/48223/pf0000153601，p.3.

[②]　对这个话题的更多反思可见于联合国教科文组织 2007 年出版的其他资料。La philosophie，une école de la liberté. *Enseignement de la philosophie et apprentissage du philosopher*；*état des lieux et regards pour l'avenir*. Edited by Moufada Goucha，UNESCO，pp.25—42. https://unesdoc.unesco.org/ark:/48223/pf0000153601；http://www.montclair.edu/cehs/academics/centers-and-institutes/iapc/philosophy/affiliates-contact/ 要注意的是，李普曼对"为了（for）儿童的哲学"与"与（with）儿童的哲学"做了区分，认为"与（with）儿童的哲学"旨在将儿童发展成为小哲学家；而"为了儿童的哲学"则旨在帮助儿童运用哲学，以改善他们在课程体系所有科目中的学习表现。参阅 Saeed Naji. *Interview with Matthew Lipman*，December 14，2003。https://en.mehrnews.com/news/3578/An-Interview-withMatthew-Lipman。

之所以是自由的学校，乃是因为它解放和开启了儿童的心智，帮助他们成为未来的思考者和行动者。①

全世界不同地区的 60 个国家，包括欧洲、北美、拉美、加勒比海地区、亚太地区和非洲等地，通过大量研究机构、著作和期刊所公布的案例研究，证明儿童哲学项目带来了显著的教育变革和有效实践。②

2017 年联合国教科文组织建立了"儿童哲学实践：跨文化对话和社会变革的基础"的教席职位，此项目由法国南特大学（University of Nantes）实施，并受昂热大学（University of Angers）EnJeu［x］研究项目的支持。③

联合国教科文组织的基本宗旨是"促进和平的文化，反对暴力，建立旨在消除贫穷和可持续发展的教育"，儿童哲学与此宗旨相关联，认为儿童从幼年开始就应获得批判性思维、反思和判断的自由，使他们能为自己思考，从而免受各种形式的操控，并帮助他们学会将命运掌握在自己的手中（UNESCO）④。

世界范围内的许多大学和法语地区的合作者都参与了此项目。尽管其合作网络主要在法国，但促进其在广大英语地区的传播，促进与儿童的哲学对话，也正是马修·李普曼的愿望。

以下是与上述教席合作的机构和大学伙伴清单，其目的都在促进

① UNESCO（2007），p.xvii. 将自由视为一项权利这一点被编入《联合国儿童权利公约》（*Convention on the Rights of the Child*）（1989）之中，该公约赋予儿童言论自由、表达自由和思想自由等权利。

② UNESCO（2007），pp.2—3.

③ Edwige Chirouter & Marie-Paule Vannier（2017），The UNESCO Chair Practice of Philosophy with Children A Basis for Intercultural Dialogue and Social Transformation in C.-C. Lin & L. Sequeira（Eds.）（2017），*Inclusion，Diversity，and Intercultural Dialogue in Young People's Philosophical Inquiry*，Rotterdam：Sense Publishers. https://doi.org/10.1007/978-94-6351-065-3_9 111-121.

④ 同上，第 112 页。https://chaireunescophiloenfants.univnantes.fr/?fbclid free translation.

儿童哲学项目在世界范围内的发展①：

法国：南特大学、昂热大学、缅因大学、法国国家图书馆、萨塞尔市

卢森堡：IFEN（教师培训中心）

比利时：列日大学

希腊：爱琴海大学、罗得岛

加拿大："正义和民主社会的哲学基础研究"联合国教科文组织教席；蒙特利尔魁北克大学所提供的儿童哲学项目；谢布克大学与拉瓦尔大学；蒙特利尔大学

贝宁：科托努大学

塞内加尔：圣路易斯法国研究所

巴西：里约大学

黎巴嫩：贝鲁特圣约瑟夫大学

以色列：海法大学

埃及：亚历山大大学教育学院

在法国儿童哲学教席的合作或支持之下，教育协会和社区协会等合作伙伴也参与到"面向儿童、青少年和成年的新哲学实践"的工作坊和在线课程之中。（略）

联合国教科文组织国际教育局（IBE）和课程及相关事务国际中心在2021年出版了一本《儿童哲学（教育实践系列）》②小册子。IBE服务的地区包括：非洲、亚太地区、欧洲和北美、阿拉伯地区、拉丁美洲和加勒比海地区。

---

① https://chaireunescophiloenfants.univ-nantes.fr/partenaires, retrieved December 6, 2020.
② Keith J.Topping，Steve Trickey，Paul Cleghorn，*Philosophy for Children*（Educational Practices，Series 32）.

　　这本小册子将儿童哲学视为一种合作性学习与同伴学习的方法，展示了其在发展批判性和创新性思维能力上的实施方法。该小册子旨在描述何谓儿童哲学（P4C）以及如何在课堂中实施。它包含七个部分，每部分都有一个主要原则、研究发现的简要总结、课堂实践应用描述以及后续的阅读建议。

　　更多关于《小学阶段的研究发现》《面向儿童的智慧教育：儿童哲学的游戏化学习模式》《WRATECS/PHILOS 对话和审议辩证模式》的附录内容，可扫描下方二维码进一步阅读。

[一] 附录

参考文献

Abbey Nicholas (2014), "Developing 21st Century Teaching and Learning: Dialogic Literacy", http://education.jhu.edu/PD/ newhorizons/strategies/topics/literacy/articles/developing-21st-century-teaching.

Abrami PC, Bernard RM, Borokhovski E, Wadem A, Surkes M A, Tamim R, Zhang D. (2008), "Instructional Interventions Affecting Critical Thinking Skills and Dispositions: A Stage 1 Meta-analysis." *Rev. Educ. Res*. 78:1102—1134.

Aristotle (1992), *Athenian Constitution, Eudemian Ethics, Virtues and Vices*. Trans. H. Rackham. Harvard University Press, Cambridge, MA.

Aristotle (1998), *The Nicomachean Ethics*. Trans. D. Ross. Oxford University Press, USA, Oxford.

Armstrong, Thomas (1998), *Awakening the Genius in the Classroom*, Alexandria, Virginia: ASCD.

Baggini, J. (2005), *What's it all About?: Philosophy and the Meaning of Life*. Oxford University Press, Oxford; New York.

Banchi, H., & Bell, R. (2008), The Many Levels of Inquiry. *Science and Children*, 46 (2).

Boler, M. (1999), *Feeling Power: Emotions and Education*. London: Routledge.

Brenifer, O. (2005), "A Quick Glance at the Lipman Method: Reflections on a Conference." *Critical and Creative Thinking*, 13, no.1/2 (2005):114—137.

Brimi, H. (2009), "Academic Instructors or Moral Guides? Moral Education in America and the Teacher's Dilemma." *The Clearing House*, 82, 125—130.

Buchler, J. (1954), What is a Discussion? *Journal of General Education*, 8 (10), 7—17. Reprinted with edits by Lipman, M. (1979), *Thinking:*

The Journal of Philosophy for Children, 1 (1), 49—54.Google Scholar.

Burgh, Gilbert, Mark Freakley, and Terri Field (2006), *Ethics and the Community of Inquiry: Education for Deliberative Democracy.* Southbank, Vic.: Thomson Learning Australia, 2006.

"Character Education Legislation," web page of the Character Education Partnership, http://www.character.org/charactereducationlegislation, accessed 02/09/09.

Chirouter, Edwige & Vannier, Marie-Paule (2017), The Unesco Chair Practice of Philosophy with Children: A Basis for Intercultural Dialogue and Social Transformation in C.-C. Lin & L. Sequeira (Eds.) (2017), *Inclusion, Diversity, and Intercultural Dialogue in Young People's Philosophical Inquiry*, Rotterdam: Sense Publishers.

Davies, W. M. (2008), "Not Quite Right": Helping Students to Make Better Arguments. *Teaching in Higher Education.* Vol.13, No.3, June 2008, 327—340. (On the same topic, see the FAQ in Argunet: http://www.argunet.org/help/#undefined)

Demetriou, A., Spanoudis, G., Mouyi, A. (2011), "Educating the Developing Mind: Towards an Overarching Paradigm", *Educational Psychology Review*, 23 (4):601—663.

D'Olympio, L., C. Teschers (2016), Philosophy for Children Meets the Art of Living: A Holistic Approach to an Education for Life. *Philosophical Inquiry in Education*, Volume 23 (2016), No.2, pp.114—124.

DeRoche, E. F., & Williams, M. M. (1998), *Educating Hearts and Minds: A Comprehensive Character Education Framework.* Thousand Oaks, CA: Corwin Press.

Dewey, John (1934), *Art as Experience.* London: George Allen & Unwin Ltd.

Dewey, John (1934), *Experience and Education.* Kappa Delta Pi Lecture Series. New York: Collier, 1971.

Dewey, John (1938), *Logic: The Theory of Inquiry.* New York: Hold Rinehart and Winston.

Dewey, John (1947), *Democracy and Education: An Introduction to the Philosophy of Education.* New York, London: The Free Press; Collier

Macmillan, 1966.

Dewey, John. (1991)[1949—1952], *Essays, Typescripts, and Knowing and the Known* (LW 16). Carbondale, IL, Southern Illinois University Press.

Dohlin, Bo (2009), On the Path towards Thinking: Learning from Martin Heidegger. *Studies in Philosophy and Education*, (2009)28:537—554.

Dweck, C. S., & Leggett, E. L. (1988), A Social-cognitive Approach to Motivation and Personality. *Psychological Review*, 95, 256—273.

Kieran, Egan (1997), *The Educated Mind: How Cognitive Tools Shape Our Understanding*, Chicago: University of Chicago Press.

Embree, Desirae and Katz, Claire (2020), "Without Friends No One Would Choose to Live? Friendship, Phronesis and Philosophy Summer Camp", in *Growing Up with Philosophy Camp*, edited by Claire Katz, Lanham MB: Rowman and Littlefield.

Ennis, R. H. (1986), A Taxonomy of Critical Thinking Dispositions and Abilities. In J. B. Baron & R. J. Sternberg (Eds.), *Teaching Thinking Skills: Theory and Practice* (pp.9—26). New York: Freeman.

Ennis, R. H. (1993), Critical Thinking Assessment. *Theory into Practice*, 32, 179—186.

Epicurus (*undated*), "Letter to Menoeceus." eBooks@Adelaide, University of Adelaide.

Facione P.A. and the American Philosophical Association (1990), Critical Thinking: A Statement of Expert Consensus for Purposes of Educational Assessment and Instruction. In: *Research Findings and Recommendations*, Millbrae, CA: Insight Assessment.

M. Ferrari and G. Potworowski (eds.) (2016), *Teaching for Wisdom*. C Springer Science+Business Media B.V.

Ferrari, Michel, Juensung Kim (2019), Educating for Wisdom In Sternberg, J, Robert and Glueck Judith. *The Cambridge Handbook of Wisdom*, Cambridge: The Cambridge University Press, pp.341—371.

Felicia, P. (2011), *Handbook of Research on Improving Learning and Motivation through Educational Games: Multidisciplinary Approaches*: IGI Global.

Fisher, R. (2008), "Philosophical Intelligence: Why Philosophical Dialogue is Important in Educating the Mind," in M. Hand, (ed.),

Philosophy in Schools, Continuum International, New York, pp.96—104.

Fletcher, Natalie M. (2020), Underestimated No More. *An Introduction to Philocreation*, pp.1—16. Brila.org.retrieved April, 23, 2021, https://ipcj.umontreal.ca/fileadmin/ipcj/Documents.

Funston, James (2017), Toward a Critical Philosophy for Children. *PSU McNair Scholars*, Online Journal. https://doi.org/10.15760/mcnair.2017.05.

Gadamer, Hans Georg (1976), *Philosophical Hermeneutics*. Edited by David E. Linge Berkeley, London: University of California Press, 1976.

Gadamer, Hans Georg (2006 2nd Ed), *Truth and Method*. Trans. Donald Marshall and Joel Weinsheimer, London and New York: Continuum.

Gardner, H. (1999), *Intelligence Reframed: Multiple Intelligences for the 21st Century*. New York: Basic Books.

Gardner, S. T. (1995), Inquiry is No Mere Conversation. It is Hard Work. *The Australian Journal for Critical and Creative Thinking*, 3 (2), 38—49.

Gardner, S.T. and Anderson, D.J (2015), Authenticity: It Should and Can Be Nurtured. *Mind, Culture and Activity*, (22) 4 Oct.2015, 392—401.

Garrison, R.D. (2011), *E-Learning in the 21st Century: A Framework for Research and Practice*, New York, Routledge.

Ghanotakis, George (1981), Heidegger's Fundamental Phenomenology, in *Man and World*, 14 (1) pp.251—267.

Ghanotakis, George (1984), Unscrambling Heidegger's Notion of "Essence", in *Journal of the British Society of Phenomenology*, 15 (1) pp.22—33.

Ghanotakis, George (1985), *Technology, Environment and Human Values*, Victoria, University of Victoria.

Ghanotakis, George (1986), *Out of the Cave: The Adventure of Seven Young Thinkers*, Ottawa: Sophia Publications.

Ghanotakis, George (1986), "Philosophy for Children and The Basics of Tomorrow", in *International Ethics in Education*, Toronto, OISE (Ontario Institute of Studies in Education).

Ghanotakis, George (1987), *The Game of Wisdom/Le Jeu de Sagesse*, Ottawa, Sophia Publications.

Ghanotakis, George (1987), *Teaching Critical Thinking Skills and Ethical Inquiry Through The Philosophy for Children Program: A demonstration to School Officials*, (YouTube) Video, Winnipeg Assiniboia School District No.2.

Ghanotakis, George (1987), *Improving Reasoning and Problem Solving: A Guidebook for the Game of Wisdom* (1989), Ottawa, Sophia.

Ghanotakis, George (1989), *Encouraging Children to be thoughtful: Dialogue with Mathew Lipman*, Ottawa, The Canadian Institute of Philosophy for Children.

Ghanotakis, George (1991), *The Quebec Head Start Project (Envol)*, Conference, Montreal, AQETA Quebec Association of Children with Learning Disabilities.

Ghanotakis, George (1994), *The Wisdom Journey: Reading, Listening to and Reflecting on the Wisdom of Twenty-two of the World's Greatest Minds (Book and CD)*, Pierrefonds, Editions LEI.

Ghanotakis, George (1995), *Adventures with Great Minds: Confucius, Aristotle, Galileo and Mother Theresa for the Young (with CD)*, Pierrefonds, Editions LEI.

Ghanotakis, George (1987, 1996), *Wisdom Flash (One-Minute Philosopher), Illustrated History of the Great Thinkers for Kids to Reflect on the Wisdom of the Ages*, Ottawa: ICPC.

Ghanotakis, George (2000), *Comment éduquer son enfant par le jeu* (Logic Learning Through Games with Story Rhymes), Montreal: LEI.

Ghanotakis, George (2001), *La Trousse des Apprentis-sages* (Wisdom Apprentice Kindergarten Thinking Skills Kit), Montreal, LEI.

Ghanotakis, George (2004), *La Caverne et l'ange gardien: La neuvième intelligence révélée*, Montreal, Éditions Cram-Philos.

Ghanotakis, George (2004), *The Wisdom Apprentice Guide Le Guide de l'Apprentissage*, Montréal, Éditions Cram-Philos.

Ghanotakis, George, Bois, Florence (2001), *Biensetar Instaneo (Wisdom and The New Science of Well- Being: A Handbook)*, Mexico: Panorama Editiones.

Ghanotakis, George (2005), Encounters with Philosophers in the

Classroom: The WRATEC Model of the Community of Inquiry in Action, *Journal of Childhood and Philosophy*, No.1 June 2005, 265—287.

Ghanotakis, George (2004), *Guide de l'Apprenti-sage*, Montreal, Editions Cram-Philos.

Ghanotakis, George (2013), *The Three Sieves: The Wisdom of Socrates for Kids*, Montreal. Institut Philos.

Ghanotakis, George (2013), *Donut Logic and Diagrams: Critical Thinking and Ethical* Skills *for Teens*, Montreal, Institut Philos.

Ghanotakis, George (2014), *The Game of Children's Rights: Teaching the UN Convention of Children's Rights*, Montreal, Institut Philos.

Ghanotakis, George (2014), *Smarti Bears on the Run—Logic and Spatial Orientation (Wisdom for Children)*, Ottawa: DC Canada Education Publishing.

Ghanotakis, George, *Smarti Bears Go for a Swim—Logic and Time Orientation (Wisdom for Children)*, Ottawa DC Canada Education Publishing.

Ghanotakis, George (2014), *Smarti Bears Make a Gift: Logic with Colours, Shapes and Numbers (Wisdom for Children)*, Ottawa, DC Canada Education Publishing.

Ghanotakis, George (2015), *Logic's Oursons: Gym Cerveau J'apprends le raisonnement dans l'espace et le temps*: Pirouette Editions-Philos: Alsace.

Ghanotakis, George (2018), *Play Wise: The New Pictorial Edition of the Game of Wisdom*, Ottawa, DC Canada Education Publishing/Institut Philos.

Ghanotakis, George (2018), "Meeting the Needs of 21st Century Learners: Critical Thinking and Game-Based Philosophical Inquiry", in. Duthie E, Moriyon G-F, Loro, and R.R (Eds.), *Parecidos de Familia: Propuestas Actuales en Filosofia Para Ninos/Family Resemblances: Current Trends in Philosophy for Children*, Madrid, Anaya: 576—589.

Ghanotakis, George (2019), *The PHILOS Game: The Tools for Collaborative Dialogue of the Community of Inquiry*, Montreal: Institut Philos.

Ghanotakis, George (2020), *The Book of Wisdom*, Montreal: Institut Philos Publishing.

Ghanotakis, George and Gosselin Laurent (2021), *The Game of Wisdom for Online Collaborative Play, Pilot Project*, Montreal: ICEPC-Digital College of Bois de Boulogne.

Ghanotakis, George (2021), *Le modèle PHILOS et le débat collaboratif pour faciliter des conversations courageuses, séries d'ateliers au Conseil des écoles du centre est d'Ottawa.*

Gilligan, Carol (1982), *In a Different Voice.* Cambridge: Harvard University Press.

Glaser, R. (1984), Education and Thinking: The Role of Knowledge. *American Psychologist*, 1984—psycnet.apa.org.

Goldberg, E. (2006), *The Wisdom Paradox: How Your Mind Can Grow Stronger as Your Brain Grows Older.* Penguin Group, New York.

Gould, J. B. (2002), "Better Hearts: Teaching Applied Virtue Ethics." *Teaching Philosophy*, 25, 1—25.

Gregory, M. (2006), "Pragmatist Value Inquiry." *Contemporary Pragmatism*, 3, 107—128.

Gregory, M., ed. (2008), *Philosophy for Children Practitioner Handbook.* Montclair, NJ: Institute for the Advancement of Philosophy for Children.

Gregory, M., ed. (2008), *Philosophy for Children Practitioner Handbook.* Montclair, NJ: Institute for the Advancement of Philosophy for Children.

Gregory, M. (2009), Ethics Education and the Practice of Wisdom, *Teaching Ethics*, Spring 2009, 105—130.

Gregory, M. and Laverty, M. (2009), Philosophy and Education for Wisdom, in: A. Kenkmann (ed.), *Teaching Philosophy* (London, Continuum International), pp.155—173.

Gregory, M. (2011), Philosophy for Children and its Critics: A Mendham Dialogue, *Journal of Philosophy of Education*, Vol.45, No.2, 2011, pp.199—219.

Gregory, M. and Laverty, M. edit (2021), *Gareth Matthews, The Child's Philosopher*, Routledge, London.

Hadot, P. (1995), *Philosophy as a Way of Life: Spiritual Exercises from*

Socrates to Foucault. Trans. M. Chase (A. I. Davidson, ed.), MA Blackwell Publishing, Malden.

Hadot, P. (2002), *What is Ancient Philosophy?* Harvard University Press, Cambridge.

Hammond, K. R. (2007), *Beyond Rationality: The Search for Wisdom in a Troubled Time.* Oxford University Press, Oxford.

Haynes, J. M, Murris, K. (2012), *Picture Books, Pedagogy and Philosophy*, London: Routledge.

Haynes, J. M. al. (2014), *Philosophy and Education.* London: Routledge.

Helskog, Guro Hansen (2019), *Philosophizing the Dialogos Way Towards Wisdom in Education: Between critical Thinking and Spiritual Contemplation*, London: Routledge.

Herrnstein RJ, Nickerson RS, Sanchez M and Swets JA. (1986), "Teaching Thinking Skills." *American Psychologist*, 41:1279—1289.

Higgins, C. (2010), "A Question of Experience: Dewey and Gadamer on Practical Wisdom." *Journal of Philosophy of Education*, 44, no.2—3: 301—334.

Horton, M. et al. (1990), We Make the Road by Walking: Conversations on Education and Social Change. Philadelphia, PA: Temple University Press.

Howie, Dorothy (2011), *Teaching Students Thinking Skills and Strategies: A Framework for Cognitive Education in Inclusive Settings*, London and Philadelphia: Jessica Kingsley Publishers.

Institute of Philosophy, Citizenship and Youth. https://ipcj.umontreal. ca/english/about/pedagogical-approaches/inquirybased-learning.

James, William (2000), "What Pragmatism Means." In *Pragmatism and Classical American Philosophy*, edited by John J. Stuhr. Oxford: Oxford University Press.

Jeannot, Thomas M. (2001), "A Propaedeutic to the Philosophical Hermeneutics of John Dewey: 'Art as Experience' and 'Truth and Method'." *The Journal of Speculative Philosophy*, 15:1—13.

Katz, Claire (ed.) (2020), *Growing Up with Philosophy Camp*, edited by Claire Katz, Lanham MB: Rowman and Littlefield.

Kennedy, David (2012), Lipman, Dewey, and the Community of Philosophical Inquiry, *Education and Culture*, January 2012.

Kennedy, D. (2004), "Communal Philosophical Dialogue and the Intersubjective." *International Journal for Philosophical Practice*, 18, 203—218.

Kolb, David. A. (1984), *Experiential Learning: Experience as the Source of Learning and Development.* London: Pearson.

Laverty, M. J. (2004), "Philosophy for Children and/as Philosophical Practice." *International Journal of Applied Philosophy*, 18, 141—151.

Lickona, T. (1998), "Character Education: Seven Crucial Issues." *Action in Teacher Education*, 20, 77—84.

Lickona, T., Schaps, E. and Lewis, C. (2007), "CEP's Eleven Principles of Character Education," in *Character Education Partnership*, Washington, D.C.28 (2):36—53 DOI: 10.1353/eac.2012.0009.

Lipman, Matthew (1969, 1974), *Harry Stottlemeier's Discovery* (N.J.: IAPC).

Lipman, Matthew (1975), *Philosophical Inquiry* (Instructional Manual to Accompany Harry Stottlemeier's Discovery), with Ann Margaret Sharp (N.J.: IAPC). Second Edition: *Philosophical Inquiry*, with Ann Margaret Sharp and Frederick S. Oscanyan (N.J.: IAPC, 1979), co published with University Press, 1984.

Lipman, Matthew (1976), *Philosophy for Children* (edited with Terrell Ward Bynam) (Oxford: Basil Blackwell).

Lipman, Matthew (1983), *Lisa* (N.J.: IAPC, 1976), 2nd edition, IAPC.

Lipman, Matthew (1977), *Ethical Inquiry*, with Ann Margaret Sharp and Frederick S. Oscanyan, N.J.: IAPC, 2nd ed., IAPC and UPA, 1985.

Lipman, Matthew (1977), *Philosophy in the Classroom*, with Ann Margaret Sharp and Frederick S. Oscanyan (1st edition, N.J.: IAPC. 2nd edition, Philadelphia: Temple University Press, 1980).

Lipman, Matthew (1978), *Growing Up With Philosophy*, ed. with Ann Margaret Sharp, Philadelphia: Temple University Press.

Lipman, Matthew (1978), *Suki*, N.J.: IAPC.

Lipman, Matthew (1980), *Mark*, N.J.: IAPC.

Lipman, Matthew (1980), *Writing: How and Why* (instructional manual to accompany Suki; N.J.: IAPC).

Lipman, Matthew (1980), *Social Inquiry* (instructional manual to accompany Mark; N.J.: IAPC).

Lipman, Matthew (1981), *Pixie* (N.J.: IAPC).

Lipman, Matthew (1982), *Kio and Gus*, N.J.: IAPC.

Lipman, Matthew (1983), "Presuppositions of the Teaching of Thinking." in *Analytic Teaching*: vol.6 No.1. Fort Worth, Texas Wesleyan College.

Lipman, Matthew (1984), *Looking for Meaning* (with Ann Margaret Sharp), N.J.: IAPC, 1982, UPA.

Lipman, Matthew (1984), *Wondering at the World* (with Ann Margaret Sharp), N.J.: IAPC.

Lipman, Matthew (1985), The Cultivation of Reasoning Through Philosophy, *Educational Leadership*, Alexandria: ASCD, 51—56.

Lipman, Matthew (1987), *Elfie* (N.J.: IAPC, 1987).

Lipman, Matthew (1987), *Harry Prime* (N.J.: IAPC).

Lipman, Matthew (1988), *Philosophy Goes to School* (Philadelphia: Temple U. Press).

Lipman, Matthew (1988), *Getting Our Thoughts Together*, with Ann Gazzard, Upper Montclair, NJ: IAPC.

Lipman, Matthew (1991), *Thinking in Education*, New York: Cambridge University Press, 2nd edition, 2003.

Lipman, Matthew (1993), *Thinking Children and Education*, Dubuque, Iowa: Kendall/Hunt.

Lipman, Matthew, "Moral Education Higher Order Thinking and Philosophy for Children." *Early Child Development and Care*, 107, no.1 (1995/01/01 1995):61—70.

Lipman, Matthew (1996), *Natasha: Vygotskian Dialogues* (New York: Teachers College Press).

Lipman, Matthew (1996), *Nous* (New Jersey, I.A.P.C., 1996).

Lipman, Matthew (1996), *Deciding What to Do, Instructional* Manual to Nous, New Jersey; IAPC.

Lipman, Matthew (2008), Philosophy for Children's Debt to Dewey. In M. Taylor, H. Schreier, & P. Ghiraldelli (Eds.), *Pragmatism, Education, and Children: International Philosophical Perspectives* (143—151). Amsterdam: Rodopi BV.

Lipman, Matthew (2017), "Brave Old Subject, Brave New World", in Naji, S and Hashim' R (2017), *History, Theory and Practice of Philosophy for Children. International Perspectives*, London: Routledge, pp.12—17.

Lone, M. J. (2012), *The Philosophical Child*. New York, Rowman & Littlefield Publisher.

Lone, M. J. and Burroughs, M.D. (2016), *Philosophy in Education: Questioning and Dialogue in Schools*, Lantham: Rowman & Littlefield.

Levy, Neil. (2003), "Analytic and Continental Philosophy: Explaining the Differences." *Metaphilosophy*, 34, no.3 (2003):284—304.

Martin, Douglas (2011), *Matthew Lipman, Philosopher and Educator, Dies at 87*, Jan. 14, 2011, New York Times, https://www.nytimes.com/2011/01/15/education/15lipman.

Maxwell, Nicholas (2007), *From Knowledge to Wisdom*, London, Pintere Press.

McKeown, M., & Beck, I. (1999, Nov.), "Getting the discussion started", *Educational Leadership*, 25—2.

Matthews, G. (1980), *Philosophy and the Young Child Cambridge*, MA: Harvard University Press.

Markham, T. (2011), *Project Based Learning a Bridge Just Far Enough*. Teacher Librarian, 39 (2), 38.

Naji, Saeed (2003), *An Interview with Matthew Lipman*, https://en.mehrnews.com/news/3578.

Naji, Saeed, Hashim, Rosnani (2017), *History, Theory and Practice of philosophy for Children. International Perspectives*, London: Routledge.

Ne! Noddings (1984), Caring: A Feminine Approach to Ethics and Mora! Education (Berkeley, CA: University of California Press).

Nussbaum, M. (2010), *Not for Profit: Why Democracy Needs the Humanities*. Princeton, NJ: Princeton University Press.

Oakes, H. Brienza, Justin P Elnakouri, Abdo, Grossmann, Igor (2019), Wise Reasoning In R. Sternberg & J. Glück (Eds.), *The Cambridge Handbook of Wisdom*, Cambridge: Cambridge University Press, pp.202—222.

Oyler J. (2016), Philosophy with Children: The Lipman-Sharp Approach to Philosophy for Children. In: Peters M. (Eds.), *Encyclopedia of Educational Philosophy and Theory*. Springer, Singapore. Https://doi.org/10.1007/978-981-287-532-7_226-1.

Oyler, J. (2019), Exploring Teacher Contributions to Student Argumentation Quality. *Studia Paedagogica*, 24 (4):173—198.

Paavola S., Hakkarainen K. (2018), Community of Inquiry and Inquiry-Based Learning. In Peters M. (Eds.), *Encyclopedia of Educational Philosophy and Theory*. Springer, Singapore. https://doi.org/10.1007/978-981-287-532-7_572-1.

Paul, Richard (1981), Teaching Critical Thinking in the "Strong" Sense: A Focus On Self-Deception, World Views, and a Dialectical Mode of Analysis Richard Paul Sonoma State University, In *ILN*, pp.2—6.

Paul, Richard (1990), *Critical Thinking: What Every Person Needs in a Rapidly Changing World* (Sonoma, CA: Sonoma State University).

Pedaste, M., Mäeots, M., Siiman, L. A., De Jong, T., Van Riesen, S. A., Kamp, E. T., Tsourlidaki, E. (2015), Phases of Inquiry-Based Learning: Definitions and the Inquiry Cycle. *Educational Research Review*, 14, 47—61.

Philocité et al. (2021), *Philosopher par le Dialogue: Quatre Méthodes*, Paris: Vrin.

Piaget, J. (1932), *The Moral Judgment of the Child*, London: Routledge & Kegan Paul.

Piaget, J. (1958), "The Growth of Logical Thinking From Childhood to Adolescence". *AMC*, 10, 1.

Peirce, Charles Sanders. (1877), "The Fixation of Belief", in Popular *Science Monthly*, 12, 1—15. http://www.peirce.org/writings/p107.html.

Peirce, Charles Sanders (1905), "What Pragmatism Is." In *Pragmatism and Classical American Philosophy*, edited by John J. Stuhr. Oxford: Oxford University Press, 2000.

Pietzner, Jason John (2014), *Expanding Their Horizons: Hermeneutic Practices and Philosophising with Children* (PhD Dissertation, University of Melbourne), https://minervaaccess.unimelb.edu.au/handle/11343/41253?show=full.

Pincoff, E. (1971), "Quandry Ethics." *Mind, New Series*, 80, 552—571.

Plato (1956), *Great Dialogues of Plato*. Trans. W. H. D. Rouse. New American Library, New York.

Pritchard, M. S. (1991), "On Becoming a Moral Agent: From Aristotle to Harry Stottlemeier." *Thinking: The Journal of Philosophy for Children*, 9, 16—24. Pritchard, M. S.: 199.

Pritchard, M. S. (2000), "Moral Philosophy for Children and Character Education," *International Journal of Applied Philosophy*, 14 (1): 13—26.

Pritchard, M. S. (2018), "Philosophy for Children", The Stanford Encyclopedia of Philosophy (Winter 2020 Edition), Edward N. Zalta (ed.), URL = ⟨https://plato.stanford.edu/archives/win2020/entries/children/⟩.

Reznitskaya, Alina and Sternber, Robert J. (2004), Teaching Students to Make Wise Judgments: The "Teaching for Wisdom" Program, in *Positive Psychology in Practice*, Edited by P. Alex Linley and Stephen Joseph, pp.181—196.

Reniztskaya, A. and Wilkinson, I A. G. (2017), *The Most Reasonable Answer: Helping Students Build Better Arguments Together*, Cambridge: Harvard Education Press.

Rorty, Richard (1981), Philosophy *and the Mirror of Nature*, New Jersey, Princeton University Press.

Sasseville, M. in collaboration with Fournel, A. McCarthy, M and Nepton, S (2018), *La pratique de la philosophie en communauté de recherche: entre rupture et continuité*, Quebec: PUL.

Schwartz, Barry and Sharp, Kenneth (2011), *Practical Wisdom: The Right Way to Do the Right Thing*, N.Y., Riverhead Books.

Schonert-Reichl, K. A., & Hymel, S. (2007), Educating the Heart as well as the Mind Social and Emotional Learning for School and Life Success. *Education Canada*, 47 (2), 20—25.

Seligman, Martin. E. P. (2002), *Authentic Happiness: Using the New Positive Psychology to Realize Your Potential for Lasting Fulfillment.* New York: Free Press.

Sharp, Ann Margaret (1987), What is a "Community of Inquiry"? *Journal of Moral Education*, 16 (1):37—45.

Sharp, Ann Margaret, Splitter Laurence (1995), *Teaching for Better*

Thinking: The Classroom Community of Inquiry, Melbourne, ACER.

Sharp, A. M. (2007), The Classroom Community of Inquiry as Ritual: How We Can Cultivate Wisdom, *Critical and Creative Thinking*, 15.1, pp.3—14.

Sharp, A. M. (2017), Philosophy in the School Curriculum. In S Naji & R Hashim (Eds.), *History, Theory and Practice of Philosophy for Children: International Perspectives*. Routledge, London, UK, pp.30—42.

Shipman, V. C. (1983), Evaluation Replication of the Philosophy for Children Program-Final Report. Thinking, *The Journal of Philosophy for Children*, 5, 45—57.

Shusterman, R. (1997), *Practicing Philosophy: Pragmatism and the Philosophical Life*. New York: Routledge.

Siegel, Harvey (1988), *Educating Reason* (New York: Rout ledge).

Sinetar, M. (2000), *Spiritual Intelligence: What We Can Learn from the Early Awakening Child*. New York: Orbis.

Splitter, L. & Sharp, A. M. (1995), *Teaching for Better Thinking: The Classroom Community of Inquiry*, ACER: Melbourne.

Sprod, T. (2001), *Philosophical Discussion in Moral Education*. Routledge, London, UK.

Sprod, T. (2020), Direction in a Community of Ethical Inquiry, In *Journal of Philosophy in Schools*, 7 (2), 61—80.

Steel, M. (2014), *The Pursuit of Wisdom and Happiness in Education: Historical Sources and Contemplative Practices*, Albany, State University of New York Press.

Sternberg, R. J. (1984), How Can We Teach Intelligence? in *Educational Leadership*, Virginia: ASCD.

Sternberg, R. J. (1985), *Beyond IQ: A Triarchic Theory of Human Intelligence*. New York: Cambridge University Press.

Sternberg R. J. (1990), *Wisdom: Its Origins and Development, edited by*, New York, Cambridge University Press.

Sternberg, R. J. (1999), "Schools Should Nurture Wisdom" in B. Z. Presseisen (ed.), *Teaching for Intelligence*. Arlington Heights: Skylight Training and Publishing, pp.55—82.

Sternberg, R. J. (2001), *Why Schools Should Teach for Wisdom: The*

Balance Theory of Wisdom in Educational Settings. Educational Psychologist, 36 (4), 227—245.

Sternberg R. J. (2003), *Wisdom Intelligence and Creativity Synthesized*, New York, Cambridge University Press.

Sternberg, R. J. et al, editors (2009), *Teaching for Wisdom, Intelligence, Creativity and Success* Corwin, Thousand Oaks California.

Sternberg, R. Jarvin, L. and Reznitskaya, A. (2008), Teaching for Wisdom Through History: Infusing Wise Thinking Skills in the School Curriculum, in *Teaching for Wisdom*. M. Ferrari and G. Potworowski (Eds.). 37 C Springer Science+Business Media B.V. pp.37 ff.

Sternberg, R. J. (2019), Why People Often Prefer Wise Guys to Guys Who are Wise: An Augmented Balance Theory of the Production and Reception of Wisdom. In R. J. Sternberg & J. Glück (Eds.) (2019), *The Cambridge Handbook of Wisdom* (pp.162—181). Cambridge University Press.

Taylor, C. (2003), *The Ethics of Authenticity*, Cambridge, MA: Harvard University Press.

Thayer-Bacon, Barbara (1992), Richard Paul's Strong Sense Critical Thinking and Procedural Knowing: A Comparison. Paper presented at the Annual Meeting of the American Educational Research Assoc, April 1992, 19 pages, https://files.eric.ed.gov/fulltext/ED353280.pdf.

Topping, S. and Trickey, K.J. (2007), "Collaborative Philosophical Enquiry for School Children: Cognitive Effects at 10—12 Years," *British Journal of Educational Psychology*, 77, 271—288.

Topping, K. J. and Trickey, S. (2007), "Collaborative Philosophical Inquiry for School Children: Cognitive Gains at 2-Year Follow-Up", *British Journal of Educational Psychology*, 77, 787.

Topping, K. J. Trickey, S. and Cleghorn, P. (2021), Philosophy for Children (Educational Practices Series 32), IBE UNESCO. http://www.ibe.unesco.org/fr/news/philosophy-children-educationalpractices-series-32-0.

Turgeon, Wendy (2020), *Philosophical Adventures with Fairy Tales: New Ways to Explore Familiar Tales with Kids of All Ages* (Big Ideas for Young Thinkers), Lanham,, MD: Rowman & Littlefield Publishers.

Vygotsky, Lev (1978), *Mind and Society*, Cambridge, MA: Harvard University Press.

Vygotsky, Lev (1986), *Thought and Language* (revised by Kozulin) Cambridge, MA: Harvard University Press.

Wan, Helena (1980), *The Educational Thought of Confucius*, Loyola University Chicago, https://ecommons.luc.edu/cgi/viewcontent.cgi?article=2874&context=luc_diss.

Wang, JC-S (2020), Creating Moral Winds and Nurturing Moral Growth in A P4C Classroom Community in Taiwan. *Journal of Philosophy in Schools*, 7 (1), pp.16—37.

　　儿童哲学在中国已经走过了三十多年的历程，尤其是在最近五年的时间里，它获得了惊人的发展，不仅产出了大量实践与理论的研究论著及国家级、省部级课题，受到哲学界、文学界和教育学界同仁的普遍关注，而且正以极快的速度在全国各地区的幼儿园、中小学和民间教育机构广泛传播与推广。但总的来说，目前国内在理论反思、总结与创新方面的速度和深度，还远远不能满足实际普及儿童哲学的需求，这就导致各地在探索儿童哲学的过程中，往往只抓住儿童哲学的一般性特征、流程或常规应用模式，鲜有考虑结合本国、本地区的文化与特色，进行创造性实践。因此尽管目前儿童哲学的实践基地、地区联盟等越来越多，但所采用的模式或路径往往大同小异，其背后的原因之一就在于对国外儿童哲学代表人物和实践模式的深入了解不足。乔治·贾诺塔基斯博士的这本著作，通过讲座回顾和工作坊对话的方式，真实地记录和还原了李普曼早期的儿童哲学思想，对于我们进一步了解儿童哲学创立和发展初期的基本情形，具有非常重要的意义，也有利于我们澄清关于儿童哲学的教育理念和常见误区。现如今我们在从事儿童哲学理论研究的过程中，总是会追根溯源地回到创始人李普曼等人的经典著作（如《教室里的哲学》《哲学走进学校》《教育中的思维》等）中去，这一方面可以更明确地厘清儿童哲学的"活水源头"与思想基础，另一方面也可为后续的多元化实践找到最初始的依据。事实上，后续许多学者提出的儿童哲学实践模式与理论架构，都可以与这些早期著作中的核心思想相呼应。

乔治·贾诺塔基斯博士毕业于多伦多大学，曾师从德国著名哲学家汉斯–格奥尔格·伽达默尔，在加拿大渥太华大学、多伦多大学、阿尔伯塔大学和维多利亚大学等多所知名大学任教，为本科生和研究生开设教育学和哲学相关课程。他在接受李普曼和夏普等人的培训之后，主动创立加拿大儿童哲学协会并担任主席，后一直致力于在加拿大全域（尤其是加东地区）推动儿童哲学的普及，他也是国际儿童哲学委员会（ICPIC）的创始成员和美国哲学教学协会（PLATO）的骨干成员。他是目前我们所熟知的 WRAITEC 优秀思考者工具箱之前身WRATEC 的最早提出者，对夏威夷儿童哲学模式的形成及全球不同思维工具箱的开发，产生了重要影响。但是他最突出的贡献则在于将游戏引入儿童哲学的实践应用体系之中，从而开发出了多个版本的儿童哲学桌面游戏和纸牌游戏。其中他开发的玩智（playwise）游戏更是获得了 2017 美国年度游戏奖，而他的其中一款针对幼儿的逻辑游戏书已经在国内正式出版（即"智慧小熊"系列，包括《我的小小"发现"书》《我的小小"想象力"书》《我的小小"逻辑"书》《我的小小"道德观"书》等）。可以说在国际范围内，采用游戏路径来进行哲学实践的学者，乔治·贾诺塔基斯毫无疑问是其中最主要的代表。

我个人与乔治·贾诺塔基斯的相识，可以追溯至 2017 年国际儿童哲学委员会在西班牙马德里举办的第十八次双年会。在那次年会上，我参加了乔治·贾诺塔基斯组织的儿童哲学游戏工作坊，在这次工作坊中，我第一次体验了儿童哲学的桌面卡牌游戏，并为这种独特的实践方式所吸引，活动结束后即与乔治建立起了联系，并相约在中国境内推广其开发的哲学游戏。翌年在北京举行的世界哲学大会，包括乔治在内的国际诸多儿童哲学研究者相聚一堂，为我们增进彼此了解和建立更持久的学术友谊，创造了重要的契机与条件。当时乔治、我还有亚太儿童与青少年哲学协会的创始主席朴镇焕教授以及澳大利亚、伊朗等国的学者，还共同就儿童哲学的目标做过深入讨论，特别是谈到了关怀性思维作为亚洲儿童哲学的核心目标，其重要性应更高于批判性思维。后来我们还在多伦多的美国教育研究年会（AERA）上相遇，再次就儿童哲学与东西方哲学的话题进行了深入交流。在此期间，我陆续将乔治的游戏及其他相关著作介绍给广西师范大学出版社，美文及出版社诸位编辑同仁都对此表现出浓厚的兴趣，我们还在出版社于上海的办公地点内与乔治进行过热烈讨论。尽管整个出版沟通的周期比预计的要漫长，但在 2021 年时出版社终于决定先从这本与李普曼对话的小书开始，循序出版乔治博士的一系列作品。最终在 2022 年的金秋时节，这本薄薄的著作得以顺利出版，并被纳入"儿童哲学经典译丛"书系之中。不过要补充说明的是，乔治本人的思想以及哲学游戏的实践，早已在我个人这几年的儿童哲学本科课堂、教师培训以及论著中有不同程度的介绍与讨论，特别是在杭州师范大学、甘肃民族师范学院、东北师范大学附属小学、成都市龙泉驿区第五小学校、温州市瓦市小学等地，与不同年龄段的学生进行过桌面游戏的现场实践，都为该书的出版奠定了初步的思想与舆论基础。

乔治·贾诺塔基斯博士在该书中特别提到了一个当前国内极为热门的概念，即智慧教育，它也成了本书的关键词。在他看来，儿童哲学与智慧教育是紧密相连的，从李普曼开始，儿童哲学研究者就高度重视哲学爱智慧的传统，并将发展和培育学生的智慧、为幸福生活奠基视为其终极目标之一。而且由于儿童哲学充分尊重儿童对万事万物以及自身的好奇、惊讶与疑惑，强调发展经久耐用、可迁移的、综合的高阶思维能力，曾被评为智慧教育的最卓越项目。但是儿童哲学所谈论的智慧教育与国人目前在"互联网+"或人工智能意义上的智慧教育显然是不同的。儿童哲学并不看重教学技术或装备上的"智慧"或"智能",这些仅仅是外在于人的表面上的"智慧",它既可以用来进行真正有助于激发智慧的教育,也完全可能被人用来作为强化压迫的教育,儿童哲学更多关注的是儿童内在精神世界之中的智慧及其生长,因此或许是一种更为根本、意义更为深远的智慧教育。那些对智慧教育有兴趣并想在这方面做一些探索,但是又因为种种原因而无法投入较多硬件设备的学校或幼儿园,或许可以从本书作者的思想中得到新的灵感,事实上我们在杭州推出的"思考拉哲学教室",就是期望能够打造一种"简约而不简单"的智慧教室,创设友好型学习空间以供儿童开展多种类型的哲学探究活动。

本书翻译和出版的整个过程非常顺利,乔治博士也对本书中译本的出版投入了比较大的心力,包括前期对该书内容的不断优化,以及后期对主要概念的解释和对版式的审核建议等。最后还要特别感谢刘美文老师和广西师范大学出版社对儿童哲学的长期热情支持。从2016年的最初相遇起,我们就共同决定要在中国推动儿童哲学原创作品的出版,并启动"儿童哲学经典译丛"项目,经过多年的努力,如今终于开始陆续验收之前的成果。相信在这些著作和译著的帮助下,中国未来的儿童哲学实践者与研究者,可以进一步掌握国内外儿童哲学的前沿视野与有效经验,并由此推动中国儿童哲学往更稳健与多元的方向发展,从而与世界儿童哲学的同行开展更有意义与智慧的对话。

高振宇

2022年金秋十月于杭师大仓前校区